声をあげて、世界を変えよう！

よりよい未来のためのアンダーU30の言葉

アドーラ・スヴィタク 著
カミラ・ピンヘイロ イラスト
長尾莉紗 訳

DU BOOKS

目次

※本文中、〔　〕内は訳注

はじめに

　子どもの頃、私は姉と一緒に「"グローン"からの子どもたちの独立宣言」と題したスピーチ原稿を手書きした（私たちは「グローンアップ（＝大人）を省略して「グローン（＝ぼやき）」と呼んでいた）。独立を宣言するのにはちゃんと理由があった。私たちは、大人であることは過大評価されすぎていると感じていた。子どもの頃、雪が降ると私は友達と一緒にはしゃいで喜んだ。一方、父と仲間の大人たちは車のラジオから流れる天気予報を聞き、不満げに咳ばらいをして、交通に影響が出ると文句を言っていた。大人はいつも急いでいて、不機嫌で、楽しいことが何にもないように見えた。

　子どもは自分中心だし思いつきで行動するから、自分のことを決める権利は制限してあげるのが子どもたち自身のためだ、と社会は考える。子どもの頃の私は、まだ「一人前」じゃないからといってあらゆることを禁じられるのにうんざりしていた。もしこの世界が「一人前」であることから成り立っているのなら、みんなあまりうまく成長してこなかったのかもしれない。そして私は、12歳のとき、2010年TEDカンファレンスのスピーチで大切な問いかけをした――「大人は子どもから何を学べるでしょうか？」。その答えはいくらでもあるのだから。

　とびきりすばらしい若者たちのスピーチを集めたこの本は、これからの世代がたくさんのことを成し遂げていくという証だ。温暖化からトランスジェンダーの権利まで、私たちがそうした問題に注目して声をあげれば、力を持ったグローン（大人）たちがそれに目をとめ、彼らも何かを学ぶことができる。本書に登場する子どもや若い人たちが、年齢に関係なく、それを証明してくれているのだ。

「常識」を疑おう

　衝動的で世間知らず、正直すぎるほどまっすぐ。こうした特徴は「子どもっぽい」と言われたりもするけれど、大人になるとこの世界のあり方に対して鈍感になってしまいやすい。イタリアの政治哲学者アントニオ・グラムシは、「常識」という言葉を使って社会に共通する世界観、価値観、考え方を説明し、それは社会のトップにいる人々に最も利益をもたらすことが多いと指摘した。なぜ路上で寝ている人がいても見て見ぬふりをするのか？　なぜ生理を恥ずかしいものと思う必要があるのか？　なぜ「自分と違う」と感じる人を差別してしまうのか？　「そう

いうものだから」だと常識は言う。

　しかし人は、10歳、15歳、20歳になる頃までに、そんな社会のちぐはぐな「常識」を吸収する時間はあまりない。だからこそ、おそらくだけれど、この世界の格差や貧困や環境破壊という現実に若い人は大きなショックを受け、もっと注目されなければならない問題だと感じるのかもしれない。

　「常識」に染まっていないことが、ときにとてつもなく大きな抗議の声を生む。たとえば、スウェーデンの女子高生、グレタ・トゥーンベリ。グレタは16歳のとき、温暖化への対処を怠ってきたとして国連会議で世界のリーダーたちを真っ向から非難した。17歳の青年運動家、イライジャ・ウォルターズ＝オスマンは、教育格差の問題にスポットライトを当てるためイギリス議会で発言した。トランスジェンダーの権利を訴えるジャズ・ジェニングスは、自分の内面どおり女の子として扱われたかっただけなのに、通っていた幼稚園がそれを受け入れてくれないのはおかしいと声を上げた。

　こうした若き勇敢な活動家たちは、「そういうものだから」では納得しなかった。よりよい世界の実現を信じる彼らは、立ちはだかる困難にも大人たちの頑固な「ノー」にも決してひるまなかった。社会にメッセージを届け、変化を生み出すことを自分たちの使命としてきたのだ。

力を合わせれば強くなれる

　結局「グローンからの独立宣言」はどこかのリサイクル用ゴミ箱行きとなったけれど、あれはすでに、いずれ私が若者による若者のための会議を開き、教育改革に学生の意見を取り入れることの重要性を世界に発信していく未来を予兆していたのだと思う。教育改革に関わって公に意見を発信する学生が少しずつ増えていき、私はタラ・スブラマニアムなど影響力のある学生リーダーにも会う機会を持てた。非営利団体スチューデント・ボイスを通じて行なってきた画期的な活動を語るタラのスピーチは本書にも収録している。

　この本のためのリサーチには図書館やオンラインで公開される資料も使ったけれど、基本的には「青少年活動家」などのシンプルなワードの検索結果を掘り進めていった。結局そうした検索が最も実り多いものだったことに不思議はない。どんなものでも簡単に録画や録音してネット上に

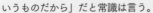

アップできる現代は、今までのどの時代よりも若者のスピーチを見つけやすくなっているかもしれない。こうして私はマディソン・キムリーを見つけた。12歳のマディソンは、自分自身まだ投票できる年齢になっていないにもかかわらず、若者の有権者登録に壁を作る州法に反対の声を上げた。

　リサーチをする過程で、若者たちの政治運動がもたらした豊かな歴史的遺産も知ることができた——南アフリカのヨハネスブルクでアパルトヘイトに抗議する高校生たちによる1976年6月の平和的な行進から、香港の学生たちが民主化を求めて座り込みデモをした2014年の雨傘運動まで。

　発明家の卵やヒーローらしくないヒーローなど、本書に登場する才能あふれた人たちの多彩なストーリーは、仲間と力を合わせて研究し、闘い、努力すれば、誰もがもっと強くなれるのだと繰り返し教えてくれる。パーム油の問題と闘うガールスカウトのマディソン・ヴォーヴァとリアノン・トムティシェンや、世界の穀物収穫量を大きく向上させるかもしれない技術を開発しているGoogleサイエンス・フェア優勝者のシアラ・ジャッジとエマー・ヒッキーなど、チームとしてがんばっている人たちもいる。教育活動家でノーベル賞受賞者のマララ・ユスフザイは、自分の名声を活かして、友人であるシリアの活動家マズーン・アルメレハンなど他の多くの若者の声を世に広めている。イギリスの学生アミカ・ジョージは、生理用品を手に入れられない「生理の貧困」撲滅のための請願書に20万以上の署名を集めた。こうした運動の原動力となったのは活動家本人の好奇心、信念、献身だけでなく、世界中の友人や仲間の助けが大きな後押しをしたのだ。

　今、私たちはこれまでにないほど人と人とがつながり合う世界に住んでいて、地理的な距離に関係なくさまざまな人と話すツールがあふれている。社会を変えるために、私たちはどんなコミュニティを構築できるだろうか？

大きなビジョンを

　ベティ・フリーダンは、著書『The Feminine Mystique』（『新しい女性の創造』2004年、三浦冨美子訳、大和書房）の中で「受動的な青少年」について次のように述べる。「彼らには、このためなら死んでも

いいと思えるようなものがまったくなかった。心から生きていると感じられる活動もなかったからだ」。子どもの頃の私は絶対にそんな子になりたくなかったが、そうならずにいるのは難しいと感じることもあった。この厳しい競争社会で、立ち止まって深く考え、テストの点数や完璧な履歴書作りよりも大きな物事について案ずるには勇気がいるものだ。

　それでも、競争よりももっと大事だと思えることがあったら？　ケネス・シノヅカは、困っている人たちを助けたいという思いから、高齢者の安全を守るスマート機器の設計を始めた。イーストン・ラシャペルは、大半のイギリス人やアメリカ人の年収よりも高価な義手をつけた7歳の少女に会ったことをきっかけに、低コストで製造できる義肢を開発して設計図を無料公開した。ジャック・アンドレイカは、家族ぐるみで親しかった友人を失った経験から、すい臓がんの検査に革命を起こしたいと考えた。アマンダ・サウスワースは、自分自身の闘病経験を燃料にしてメンタルヘルス支援活動を始め、他の人たちを助けるアプリを開発した。

　彼らは、ただひたすら狭き門に押し寄せて入場を競うのではなく、互いに手と手を取り合い、誰にとってもよい世界の実現を求めたのだ。現状に疑問を投げかけ、新しいアイディアを生み出し、不公平に直面したときに毅然と立ち向かう大切さを彼らは教えてくれる。

　世界中のすばらしい若者たちを、本書でほんの一握りでも紹介できることを嬉しく思う。世界の人口の42%を占める25歳未満の若者から学ぶことはたくさんあるのだと、彼らは身をもって示してくれる。この世界のあり方や、世の中で繰り広げられる議論に変化をもたらしている彼らの声を、この本でみなさんに届けたい。互いに力を合わせ、刺激し合ってきた人たちのことをたくさん知ってほしい。そしてあなたも彼らから刺激を受け、本書を読む中で自分自身の声を見つけて、想像力を沸き立たせ、夢を追いかけてほしい。

Joan of Arc

ジャンヌ・ダルク
百年戦争で戦ったフランスの英雄

中世のフランスで農家の娘として暮らしていたジャンヌ・ダルクは、10代のときに天使と神の声を聞いた。声は彼女に、百年戦争に参戦してのちのフランス国王シャルル7世のために戦えと命じた。ジャンヌは男装し、ロレーヌ公などの軍指導者や、さらにはシャルル7世にも会わせてほしいと要求した。その粘り強さと信念が人々の信頼を勝ち得た。当時、フランス軍はかなりの苦境にあった。もう他に選択肢がないと思えたからこそシャルル7世は、女性に——しかも、若く貧しい女性に——部隊を率いらせるという異例の判断を下したのかもしれない。そして、その賭けは実を結んだ。17、8歳にして、ジャンヌはオルレアン包囲戦で部隊を勝利に導いた。

のちに敵のイギリス軍に捕らえられたジャンヌは、厳しい尋問にかけられた。イギリス兵はジャンヌに男装をやめるよう忠告し、お前は何も知らない少女にすぎないのだから、天から聞こえた声でなく司祭たちの教えに従えと言った。しかしジャンヌは、自分を捕えた敵軍よりも天の声を信じると主張し続けた。右に掲載した異端審問［カトリック教会による異端信仰者の取り締まり裁判］での答弁で、ジャンヌは初めて神のお告げを聞いたときのことを語る。そこには、神への信仰を棄てず、権力ある男性たちにも国家にも屈さず、その抵抗に対する致命的な代償さえ恐れない若き女性の姿がある。

処刑裁判の記録

1431年フランス、ルーアン

今、森の中にいれば、あの声がはっきりと聞こえるでしょう。神が届けてくれた声だったと信じています。三度めに聞いたとき、それが天使の声だと気づきました。声はいつも私を守ってくれて、私は声の言うことをいつも理解していました。声は私に善良であれと言い、きちんと教会に行くよう命じました。それから、お前はフランスに行かなければならないと言いました。「行きなさい。オルレアン市の目の前で進んでいる包囲を解くのです。行きなさい！」と。私は、自分はただの貧しい少女で、馬の乗り方も戦い方も知らないと答えました。それから、おじのもとに行き、「ヴォークルールに行かなければならない」と言いました。おじは私をそこに連れて行ってくれました。ヴォークルールに着いた私は、一度も会ったことのないロベール・ド・ボードリクールがわかりました。声のおかげで、すでに彼を知っていたからです。私はロベールに、「私はフランスに行かなければならないのです！」と言いました。ロベールは二度、私の訴えに耳を傾けることなく私を追い返しました。しかし三度めになってついに私の訴えを受け入れ、私に男装をさせました。ロレーヌ公は、私を自分のもとに連れて来いと命じました。私は彼のもとに行きました。そして、フランスに行きたいと言いました。あなたの息子と、他に何人かを伴わせて私をフランスに行かせてほしいと、そして、あなたの健康を神に祈りますと言いました。そして私は、男装し、ロベール・ド・ボードリクールから与えられた剣だけで武装し、ヴォークルールを発ちました。それ以来、何度も天の声を聞きました。

Mario Savio

マリオ・サヴィオ

学生運動家・カリフォルニア大学バークレー校におけるフリースピーチ運動のリーダー

1960年代のカリフォルニア州バークレーでは政治運動が非常に盛んだった。フリースピーチ運動（FSM）の始まりは、進歩主義的な左派の学生たちと大学側との衝突だった。学生たちは、活動家として公民権運動を行なっていたマリオ・サヴィオらに率いられ、学内における政治的な意見の表明（ビラやパンフレットの配布など）および集会を禁止する学則に抗議した。マリオらは、この規則は学生に与えられるべき言論の自由を侵害していると主張した。

立場を譲らない大学幹部に対し、学生たちはさらに圧力をかけていった。何千人もの学生がキャンパスの本部棟に押しかけ、中央広場に集まり、そこに入ってきたパトカーを包囲し、座り込みの抗議をした。警察は大勢を逮捕したが、デモや授業のボイコットは数週間続き、ついには大学側が譲歩した。その後も学生の多くは人権擁護とコミュニティ形成の精神を持ち続け、ベトナム反戦運動をはじめ、重要な社会問題をめぐって活動を展開した。

FSMは学生運動の歴史における転換点となった。のちに全米各地の大学は、抗議活動、積極行動主義、市民による抵抗の中心地となり、特に海外での米軍の活動に対する抗議が多く行なわれた。FSMはその先駆けとなった画期的なもので、学生による政治組織形成や抵抗運動への道を切り拓いたのだ。

バークレー校の学長は最終的に学内での政治活動を認めたが、主にそれはマリオのようにカリスマ性のある人物が人々を団結させたおかげだった。大学の本部棟の前に集まった学生仲間たちに向けたスピーチで、マリオはカリフォルニア大学総長が耳ざわりのいい言葉で市場志向の考え方を推し進めていると批判し、みなでこの不条理な"マシン"の「歯車に身を投げうって」回転を止めようと呼びかけた。

スプロール・ホールの階段で座り込み中に行なったスピーチ

1964年アメリカ合衆国カリフォルニア州、
カリフォルニア大学バークレー校

座り込みなどをする市民の抵抗運動には、少なくとも2種類の形がある。ひとつは、市民にとって到底受け入れられないルールがあり、みんなが何度も何度も違反することによって、ついにそのルールが撤廃されるケースだ。一方、別の形の抵抗もある。ルールに違反するだけではうまくいかない場合もあるからだ。人々の不満が、ルールだけでなく、強圧的な権力そのものや、有無を言わさないその権力の行使の仕方にまで及んでいる場合だ。

それこそが、僕たちの抱える現状だ。この大学の独裁的な運営体制だ。この大学は操られている。僕たちはこんな問いを耳にした。本当にカー総長が電話でのやりとりでリージェンツ（大学理事会）からリベラルな決定を引き出そうとしたのなら、なぜ彼はその旨を公に発表しなかったのか？ ある善意のリベラル派が答えを示してくれた。その人物はこう言った。「会社の社長が取締役会への反対意見を公に発言するなんて想像できるかい？」。これが答えだ。

考えてみてほしい。もしこの大学が企業で、リージェンツ理事会が取締役会で、カー総長が社長だとしたら——そうだ、教員たちは社員で、僕たちは仕入れられた原料だ！ でも、原料だからといって、何の製品にもなってやるつもりはない！ 大学の顧客に売られていくつもりはない。その顧客が政府でも、民間企業でも、労働組合でも、誰であっても！ 僕たちは人間なんだ！

そうして僕は、ふたつめの形の市民的抵抗を行なう。マシンの動きがあまりにも醜いものとなったとき、心の底から嫌気がさし、とてもそんなものに関わっていられなくなる。消極的に関わることすら嫌になる！ それなら、歯車の上、車輪の上、レバーの上、あらゆる装置の上に自らの身を投げうて——そうしてマシンを止めるんだ！ マシンを動かす人々、所有する人々に示すんだ。自分たちを解放しない限り、このマシンは二度と動かないと！

何かを壊せという意味じゃない。1,000人の人間が座り込み、誰も通さず、すべてを阻めば、どんなマシンでも止められる。このマシンも！ このマシンも止まるんだ！

And you've got to put your bodies upon the gears and upon the wheels, upon the levers, upon all the apparatus – and you've got to make it stop!

歯車の上、車輪の上、レバーの上、
あらゆる装置の上に自らの身を投げうて
──そうしてマシンを止めるんだ！

マリオ・サヴィオ
22歳

Severn Cullis-Suzuki

セヴァン・カリス＝スズキ
環境活動家

国連の会議で聴衆を前に勇敢なメッセージを発信したとき、カナダの気候変動活動家セヴァン・カリス＝スズキはまだ12歳だった。そのスピーチで彼女は、世界で最も権力のある国々の多くは気候危機の解決と貧しい人々への支援という役割を果たしていないと語った。

1992年当時から20年以上経った今でも、そのスピーチの音声は「世界を5分間沈黙させた少女」というタイトルのもと、SNS上で広くシェアされ続けている。温暖化問題を解決しなければどのような結果がもたらされるかを深刻な言葉で語る彼女のメッセージは、現代の人々の心をも強く打つのだ。熱意のこもった彼女の言葉と、大人たちが正しいと思ってしてきた行動（自分の子どもに対する教えなど）についての話を聞けば、誰しもが否応なく自らの良心と正面から向き合うことになる。

セヴァンは、リオ・デ・ジャネイロで開催される国連地球サミットに参加するため、自らが代表を務める「子どもの環境団体（ECO）」の学生たちと一緒に募金を募った。あるインタビューで彼女が語ったところによると、カナダの有名な環境活動家でありセヴァンの父親であるデイヴィッド・スズキは、会議に招かれたとき、娘とその仲間の若い活動家たちに自分の講演時間のうち10分を与えようとしたことが何度かあったという。「私たちはとても若かったので、その若さが障壁になると思っていましたが、実際にはそのおかげで注目してもらえたんです」とセヴァンは語った。

国連での彼女のスピーチは、道徳心をもって生きられるはずの人間が温暖化解決のために何もしないことは重大な怠慢なのだと、子どもも大人も同様に、聞く者すべてに思い出させる。大人になってからもセヴァンはこの1992年の講演の精神を持ち続け、温暖化防止のためにすべきことを発信し、世界のリーダーたちが若者の声に耳を傾けるよう活動している。

子どもたちの声を聞いて

1992年ブラジル、リオ・デ・ジャネイロ、国連環境開発会議（UNCED）

今日ここに立つ私には、裏も表もありません。私は自分の未来のために闘っているのです。私がここで話をするのは、これからのすべての世代のためです。世界中で飢えに苦しみながら、その叫び声を聞いてもらえない子どもたちを代表するためです。この惑星のあちこちで行き場所を失って死んでいく無数の動物たちのためです。私は太陽の下に出るのが怖いです。オゾン層に穴が開いているから。空気を吸うのも怖いです。どんな化学物質が混ざっているのかわからないから。

みなさんが私の年齢だったとき、こんなことを心配する必要がありましたか？ これはすべて目の前で起こっているのに、私たち人間はいくらでも時間と解決策があるというふうにのんびり構えています。オゾン層の穴を塞ぐすべも知らないのに。死んだ川に鮭を呼び戻す方法も。絶滅した動物を生き返らせる方法も知らない。砂漠となってしまった土地に森をよみがえらせることもできないのです。直し方がわからないものを壊すのはもうやめてください。

ここにいるみなさんは、政府の代表者や、企業や団体の人、記者、政治家などでしょう。でも本当はみんな、母親であり父親であり、姉妹、兄弟、おば、おじであり、すべての人は誰かの子なのです。私はまだ子どもですが、誰もがひとつの家族の一員だということを知っています——50億人以上の人間からなる家族、いえ、3,000万以上の生物の種からなる家族です。国境や政府がこの事実を変えることは決してできません。私は子どもですが、誰もがこの大家族の一員であり、ひとつの世界としてひとつの目標に向けて行動すべきだということを知っています。

私の国ではたくさんのゴミが出ます。みんなが物を買っては捨てるからです。そんな北側の国々は、物が足りていない人々と富を分かち合おうとしません。十分にあり余っているのに、共有することを恐れているのです。自分たちの富を少しでも手放すのが怖いのです。

2日前、ここブラジルで、路上で暮らす子どもたちと話をしてショックを受けました。ある子どもはこう言いました。「僕がお金持ちだったらいいのに、そうしたら、ストリートチルドレンのみんなに食べ物や服、薬、住むところ、それに、優しさと愛情をあげるのに」。家も何もない子どもでさえ分かち合うことをいとわないのに、すべてをもっている私たちはなぜいまだにこれほど貪欲なのでしょう？

幼稚園で、大人は社会での振るまい方を教えてくれます。ほかの人と争わず、問題はきちんと解決して、ほかの人を尊重して、散らかしたものは片づけて、ほかの生き物を傷つけたりせず、みなで分かち合い、欲張りにならないよう教えます。それでは、なぜあなたたちは教室から出れば、私たちにするなと言うことをするのですか？ 父はいつも、「その人の価値は、何を言ったかでなく、何をしたかで決まる」と言います。あなたたちがしていることを思い、私は夜な夜な泣いています。あなたたち大人は、私たち子どもに愛してるよと言います。でも、言わせてください。どうか、言葉だけでなく行動で示してください。

I have no hidden agenda.
I am fighting for
my future ...

裏も表もありません。
私は自分の未来のために闘っているのです。

セヴァン・カリス＝スズキ
12歳

Rhiannon Tomtishen and Madison Vorva

リアノン・トムティシェン、マディソン・ヴォーヴァ
環境活動家

　ガールスカウトに属するリアノン・トムティシェンとマディソン・ヴォーヴァが、ガールスカウト・ブロンズ章の受章を目指そうと決めたのは 11 歳のときだった。ふたりは自分たちにとっての憧れの存在で著名な霊長類学者、ジェーン・グドールからインスピレーションを得た。そうしてグドールの軌跡をたどり、絶滅の危機に瀕する類人猿を研究することにした——グドールが研究するチンパンジーではなく、オランウータンだ。

　オランウータンの研究を進めるうちに、パーム油の生産が環境に甚大な影響をもたらしていることを知り、ふたりはもっと複雑な問題に関わっていくこととなる。パーム油生産においては、農園開発のために大量の熱帯雨林が伐採されることで生き物が生息地を奪われ、野生のオランウータンも住む場所を失っていると知ったのだ。こうしてふたりの少女は、その後何年も続くことになる活動を開始し、請願書を書き、企業の幹部に連絡をとり、ホワイトハウスの前

でデモを行ない、メディアに出演し、ガールスカウトをはじめ数多くの組織に共有資源の利用について改めて考えさせるためのスピーチをしてきた。

　国連は環境保護活動に従事するリアノンとマディソンを「フォレスト・ヒーローズ（森の英雄）」と呼び、ふたりの活動は年月を経て拡大し続けた。彼女たちの請願書に署名した人数は数千人に上り、その中にはふたりの憧れのジェーン・グドールもいた。ふたりの活動を受け、ガールスカウトだけでなく食品メーカーのケロッグ社などの組織がパーム油に関する方針を新たに定めた。

　2012 年に開かれたナショナル・バイオニアズ・カンファレンスで、ふたりは自分たちの信念と研究について熱いスピーチをし、パーム油農園開発による深刻な影響を世界に警告する活動を始めるにあたって、ガールスカウトのクッキーがきっかけになった経緯を語った。

We can dream in a way that is not limited by an adult's perspective.

私たちは、大人の考え方の枠に
はまることなく夢を見られるのです。

リアノン・トムティシェン、マディソン・ヴォーヴァ
16歳、17歳

パーム油との戦い

2012年アメリカ合衆国カリフォルニア州サン・ラファエル、
ナショナル・バイオニアズ・カンファレンス

マディソン・ヴォーヴァ（以下MV）：ガール
スカウトのクッキーに含まれる原料が、結果と
して熱帯雨林を破壊し、数千種の生物を絶滅の
危険にさらし、人権侵害の一因にもなっている
なんて、この場にいるなかのどれくらいの人が
考えるでしょうか？　私にも考えつきませんで
した。6年前、絶滅危惧種であるオランウータ
ンの研究を始めるまでは。インドネシアとマ
レーシアでは、パーム油農園を原因にオラン
ウータンの生息地が4,000万エーカーも失わ
れていると知ったのです。

リアノン・トムティシェン（以下RT）：信じ
られないかもしれませんが、パーム油はスー
パーの棚に並ぶ商品の50%に含まれています―
―チョコレート菓子から化粧品まで。私たちは
パーム油が入っているものを一切食べないこと
にしました。そして、ガールスカウトのクッ
キーにもパーム油が入っていると知ったとき、
私たちはとてもショックを受けました。世界を
よりよい場所にし、資源を賢く使うことは、
ガールスカウトの掟なのに。私たちにとって、
森林破壊に関与していないパーム油を使うこと
こそ、実行しなければならない、正しいことだ
と思えました。当時11歳だった私たちは、こ
の問題をガールスカウトに注目させることが自
分たちの使命だと決心しました。

MV：たくさんの人に声を届けるため、私たち
はさまざまな環境団体や社会事業団体と連携し
ました。みんなが参加しやすいオンラインの
キャンペーンを企画し、change.orgのウェブサ
イトに掲載した請願の中には75,000人の署名
を集めたものもあります。

RT：活動を始めてから5年が経った2011年5月、
私たちはついにニューヨークシティでガールス
カウトの幹部と会議をすることができました。
そして、幹部たちはパーム油に関する新たな方
針を発表しました。正しい方向へ向かう、とて
も重要な一歩です。メンバーが直接推進した方
針が設けられるのは、ガールスカウトの100年
の歴史において初めてのことでした。

MV：ほとんどの人は、変化を起こそうとする
には私たちの年齢が足かせになると考えます。
でも、若いからこそ、とんでもないと思われる
ようなアイディアを思いつくことができ、大人
の考え方の枠にはまることなく夢を見られるの
です。

RT：私たちは、年齢という最大の弱点のひと
つを強みに変えました。世界を変えるなら、可
能性を阻むものがあってはならないのです。

Jack Andraka

ジャック・アンドレイカ
発明家・研究者

ビジョン・トーク

2013 年アメリカ合衆国、カリフォルニア州、
エックスプライズ・ビジョニアリング会議

家族ぐるみで親しくしていた友人をすい臓がんで亡くしたことをきっかけに、ジャック・アンドレイカはその病気の研究を始めた。すい臓がんは発見が遅すぎて効果的な治療を行なえないケースが多いことを知ったジャックは、自ら解決策を考え出そうと決心した。初めは「すい臓が何なのかすら知らなかった」という彼だが、やがて紙を用いた安価なすい臓がん検査法を開発し、2012 年のインテル国際学生科学技術フェアで大賞を受賞したことで、15 歳にして国際的な注目を集めた。

大人になるにつれて私たちには、大きな変化を起こすには特定の条件を満たさなければならないのだ、という社会の教えが刷り込まれてしまう──決まった話し方をして、長年の経験を積み重ね、適切な人たちと知り合わなければならないと。ジャックは、誰にでも挑戦できる科学研究を通してイノベーションを起こす自分のストーリーが、きちんとした資格がない限りは研究開発などには手を出せないと考える人にとって刺激になってほしいと願う。

ジャックはまた、自分がゲイの科学者であると公に話すことで、科学技術界をもっと寛容な世界にしようとしている。自分が幼い頃から憧れてきた数少ないLGBTQ［性的マイノリティの総称のひとつ］のうちのひとりとしてアラン・チューリング［1912~1954年。イギリスの数学者・暗号解読者・哲学者］を挙げ、自分も他の人たちが科学の道に進むきっかけになりたいとジャックは言う。未来志向のイノベーターたちのためのイベント、エックスプライズ・ビジョニアリング会議で行なったスピーチで、ジャックは自らのストーリーを語り、新たに開発した安価な分光器も発表した。最近の彼は科学研究に関わる学術情報の公開を呼びかけ、彼のような一般人も無料でそのような情報を得られるべきだと主張している。

家族で仲良くしていた友人ががんで亡くなったと知ったとき、僕は思いついたんです。インターネットで検索すれば、彼をあの世に連れて行った謎の暗殺者についてもっと知ることができるかもしれないと。そうしてわかったのは、がんにまつわるとても厳しい現実でした。すい臓がんの 85% は発見されるのが遅すぎて、そのときにはもう患者が生存できる可能性は 2% を切っているのです。どうして僕たちはすい臓がんの発見がこんなにも苦手なのでしょうか?

この事実を知って、僕も何かをしようと決意しました。9 年生レベルの生物学とGoogleで見つけた論文の知識を武器に、がん治療に革命を起こすという大きな希望を持って研究を進めました。10 か月後、300 人の教授にメールを送って 299 人に断られた後、7 か月間を研究室で過ごし、自分の細胞を使った実験で 50 回は失敗し、ついに、一度の検査に 3 セント（約 3.3 円）と 5 分しかからない、小さな紙を使った検査法を開発しました。これなら初期の段階でがんを見つけられます。すい臓がん患者の生存率を上げることができるのです。

しかし、問題もあります。この検査法は抗体を調べるもので、ひとつのタンパク質しか標的にできません。僕たちが医学の未来において目標としているのは、すべての病気を調べることです。今、僕はラマン分光器というものを作っています。僕はシンプルで価格の安いものを作る力に恵まれているようです。今回は角砂糖サイズのものができました。

想像してみてください。すい臓がん検査法のアイディアを思いついたとき、僕は 14 歳でした。そのときはすい臓が何なのかすらわかりませんでした。でも、GoogleとWikipediaだけを使って、すい臓がんを見つける新たな方法を考え出しました。僕がこれをできたのですから、あなたにはどんなことができるか想像してみてください。

Easton LaChappelle

イーストン・ラシャペル

発明家

　イーストン・ラシャペルが発明に乗り出し、
ロボットアームの試作品を作り始めたのは 14
歳のときだ。2013 年、「学校に行くヒマなん
てない」と題したスピーチで彼は、コロラドで
開かれたサイエンスフェアで 7 歳の片腕の少
女に会ったことをきっかけに大きなひらめきを
得たと語った。少女は義肢をひとつ持っていた
が、その価格は 8 万ドル（約 850 万円）だった。
イーストンは自分が作っているロボットアーム
で義肢業界に革命を起こし、人々を助けられる
かもしれないと考えた。そうして彼は 3D プリ
ント技術を使い、自分が考えた設計をインター
ネット上で無料公開した。そうすれば、比較的
価格が安く軽量で、短期間での製造が可能なう
えメンテナンスも楽な、脳の信号で動かせる義
手を作ることができるようになり、障がいを持
つ多くの人々の生活に革命をもたらせると考え
たのだ。イーストンの研究は広く知られ、ホワ
イトハウスに招かれたときにはロボット義手を
使って当時のオバマ大統領と握手をした。

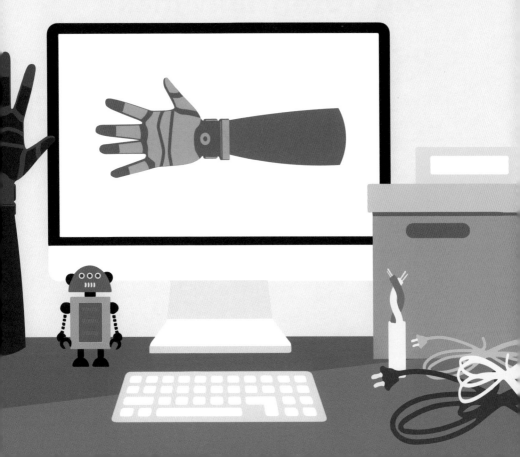

I could take what I'm already doing, transfer it directly to prosthetics and potentially make people's lives better.

今やっていることを
そのまま義肢の製造に活かせば、
人々の生活をもっといいものに
できるかもしれない。

イーストン・ラシャペル
16歳

学校に行くヒマなんてない

2013年アメリカ合衆国、ロードアイランド州プロビデンス、
BIF-9 コラボレイティブ・イノベーション・サミット

僕は 14 歳のとき、ワイヤレスの手袋で操作できるロボットハンドを作ろうと思い立ちました。主な学習ツールはインターネットでした。プログラミング、電子機器、さまざまなメカニズム、CAD ソフトウェアなど、プロジェクトに関わるすべてを独学で学びました。

最初の試作品はすごくクールでした。絶縁テープとチューブでできた指を持ち、レゴのピースで構造を支えたロボットハンドです。僕の努力の結晶であり、動作も見事でした。手袋をはめると自分の動きをロボットハンドがワイヤレスでコピーするんです。世界中のどこにいても正確にロボットハンドを操作できます。爆弾処理班も、軍隊も、この手袋をはめれば現場にいるかのように操作できます。あなたの手の動きを正確にコピーするのです。

それからまもなく、もっと作りたい、もっとクールなものを作りたいと思いました。そこで、3D プリンティングという進化中の新しいテクノロジーに目をつけました。コロラドの会社に（ロボットハンドの）あらゆる設計図を送って 3D 印刷をしてもらおうとしました。しかし、見積もり額は印刷するだけで 500 ドル（約 53,000 円）を超えていました。当時 14 歳の僕に、アイディアを形にするための 500 ドルはありませんでした。どうすればいいかと途方に暮れました。そこで、人脈を活かすことにしました。3D 印刷を扱うメイカーボット・インダストリーズという民間企業で働いている友人がいたのです。ある晩、その友人が僕の設計図を印刷してくれて、僕が払う費用は送料だけで済ませてくれたんです。ここから大きく前進しました。新しいロボットハンドは、絶縁テープでぐるぐる巻きのものよりも機能性が高く、ずっと実用的でした。ひとつひとつの関節を操作でき、親指を他の指と向かい合わせることもできました。

コロラドでサイエンスフェアが開かれたとき、僕は初代のロボットアームを持って行きました。それを披露していると、7 歳の女の子が近づいてきました。その子は肘から指先までが義手でしたが、その義手でできる動作はひとつ（手の開閉）で、備わっているセンサーもひとつでした。それだけで 8 万ドルもしたんです。その瞬間、心が強く動かされました。これだ、と気づいたんです。今やっていることをそのまま義肢の製造に活かせば、人々の生活をもっといいものにできるかもしれないと。

Kelvin Doe

ケルヴィン・ドウ
発明家

壮大な考え方を

2013 年イスラエル、テルアビブ、
Google イスラエル

シエラレオネの首都フリータウンの貧民街で 5 人きょうだいの末っ子として育ったケルヴィン・ドウには、電気工学をまともに学ぶ機会が多くなかった。ケルヴィンは近所に捨てられた電子機器の廃品で遊び、その中から厳選したものを家に持ち帰っていじくっていた。それが結果を生んだ。ケルヴィンは古い DVD プレーヤーの部品から充電用の発電機を組み立て、その後音楽プレーヤーとラジオ送信機が完成したことで、自らを「DJ フォーカス」と名乗るようになった。

あるとき、マサチューセッツ工科大学（MIT）の客員研究員をしていたデイヴィッド・センゲがケルヴィンの才能に注目し、彼を同じ客員研究員として MIT のプログラムに招いた。そうして 15 歳のケルヴィンは MIT 史上最年少の研究員となり、メディアの注目を集めた。

恵まれない環境で育ったケルヴィンの革新のストーリーは全米を魅了し、TEDx ティーンなどのイベントでのスピーチ依頼も来るようになった。Google のイスラエル支社で行なったスピーチでは、ケルヴィンは自分自身について話したうえで、自分のような若者の創造性と情熱を、その子が育った環境に関係なく後押ししてほしいと聴衆に呼びかけた。

家への帰り道でスクラップを拾い始めたのは 11 歳のときです。夜な夜なうちの居間が電子機器の廃品回収場になっているのを見た母には、さっさと寝なさいとよく言われました。そんなスクラップから、バッテリーや FM ラジオ送信機ができあがりました。それから、近所の人たちのラジオを無料で修理しました。シエラレオネの僕が住むような地域では、ほとんどの家庭にとって最も価値のある資産はラジオです。ニュース、音楽、家族で楽しむ娯楽など、みんなラジオがくれるのです。

それから僕は、回路基板、音声増幅器、マイク受信機を作ることにしました。自分を DJ フォーカスと呼び、地域の人たちのために音楽を流しました。僕自身、DJ がラジオで流す音楽を聴くのが大好きで、いつか彼らのようにラジオに出てみたいと夢見ていました。（14 歳のとき、）僕も自分のラジオ局を作ればいいんだと思い立ちました。毎晩作業を続け、屋根に登ってアンテナを調整し、ついに僕の FM ラジオ局が開局しました。

ただ、僕の放送信号がシエラレオネの有名ラジオ局の信号を妨害しているとわかったときは困りました。母は、逮捕されるから放送をやめなさいと言いました。幸い、周波数を変えて放送を続けることができました。それからシエラレオネの国営テレビ局が僕のしたことを知り、僕は生放送で実演をすることになりました。その後、僕は MIT で最年少の客員研究員になりました。

若者の創造力と情熱を、見つかりそうな場所だけでなく、あらゆる場所で探してください。たくさんの人が僕を支えてくれたように、若者たちを支えてください。

Madison Kimrey

マディソン・キムリー
政治活動家

投票権をめぐって
ノースカロライナ州知事と対決

2013 年アメリカ合衆国、ノースカロライナ州

　民主主義社会において、あなたの票はあなたの声だ。しかし、多くの若者にとって、その権利ははるか遠いものに思える。投票をするための手続きは、必ずしも望まれるほどシンプルではない。アメリカでは、投票をするためには個人が自ら有権者登録をしなければならず、投票率アップを重視しない州では手続きがいっそう難しくなることもある。特に大きな問題は、若者の投票率の低さだ。それに対する解決策としては、事前登録がある。18 歳の誕生日前での有権者登録を可能にして、18 歳になれば自動的に有権者に追加されるようにするのだ。

　マディソン・キムリーの出身地であるノースカロライナ州では、かつてこの事前登録ができた。しかし、2013 年に同州の議会は簡単に事前登録ができなくなる法律を成立させ、若者は 18 歳になるまで待たなければ有権者登録をすることができなくなった。

　このスピーチをしたときのマディソンは 12 歳で、彼女自身まだ投票できる年齢ではなかった。それでも、有権者登録の機会を減らす州議会の決定は自分たち若者による民主主義への参加を脅かすものだと考えたのだ。州知事から「反対派の小道具」と呼ばれても、マディソンは新法に強く反対し、他の若者にも政治問題に関心を持つよう促した。マディソンのスピーチから 3 年後の 2016 年、裁判所はノースカロライナ州に事前登録の再開を求める判決を下し、州の若者たちは政治的勝利を収めた。

　私たちノースカロライナ州の若者は、リーダーシップに関して深刻な問題を抱えています。この州の政治家たちは、若者の政治参加を減らそうとするだけでなく、私たちの意見を軽視し、無視しようとしています。ノースカロライナ州議会で可決され、知事が署名した有権者 ID 提示法により、16 歳と 17 歳の有権者登録ができなくなりました。

　私は事前登録について話し合うために知事と会おうとしましたが、知事は私の要求をバカバカしいと却下し、私を「リベラル派の小道具」だと言いました。これはリーダーがすべき行動ではありません。私は小道具ではありません。私は新世代の参政権論者であり、自分が育った州で若者の投票率を下げる法律が可決されたとなれば、黙ってはいません。

　私が 4 年後に 16 歳になるまでにノースカロライナ州の 10 代が事前登録する機会を取り戻せるよう、できる限りのことをするつもりです。しかし、ひとりではできません。他の若者にも議員たちに訴えかけてもらう必要があります。この問題について友達や家族と話してもらう必要があります。投票権のある大人たちには、選挙で選ばれた議員や、これから議員になろうとしている人に対し、若者による民主主義社会への積極参加をどのように奨励する計画があるかを尋ねてもらう必要があります。若者の皆さん、この州はあなたたちを必要としています。この国はあなたたちを必要としています。あなたが重要だと感じる問題を見つけ、行動を起こしてください。私たちはノースカロライナの未来であり、私たちのリーダーは、ノースカロライナの未来をきちんと認識して私たちの考えや意見を尊重する人であるべきです。この州と国の未来のために、諦めてはいけません。立ち上がって行動を起こしましょう。

Joseph Kim

ジョセフ・キム

北朝鮮系アメリカ人人権活動家

1990年代半ばに北朝鮮を襲った飢饉下、ジョセフ・キムは極度の貧困の中で育った。世界から隔絶され情報を明かさない北朝鮮で餓死した人の数を正確に知ることは不可能だが、数十万人から100万人以上と推定されている。ジョセフの父親はその犠牲者のひとりだった。

16歳にして、ジョセフは厳しい圧政で知られる閉鎖国家の法律を破り、極めて危険な国外脱出を試みることにした。中国の国境警備隊に見つかればたいていは北朝鮮に戻され、死刑になるか、過酷な環境で知られる巨大な収容所に収監される。ジョセフはどうにか見つからずに国境を越えた。

ジョセフは難民として中国からアメリカに渡り、それまでの人生で知っていたすべての人やものから離れて新しい生活を始めた。自らつらい経験をしたジョセフは、北朝鮮の人々の人権を熱心に訴える活動家となり、国外でのよりよい生活を求める難民を支援するアメリカの各組織を支持してきた。シウダッド・ダ・ラス・イデアスでのスピーチ（彼が数多く行なったスピーチのうちのひとつだ）で、ジョセフは自身の経験を伝え、NGO（非政府団体）のリバティ・イン・ノース・コリア（LiNK）に地下活動を通して隠れ家と物資を与えてもらったおかげで

アメリカに渡ることができたと語った。

2015年、ジョセフは『Under the Same Sky:From Starvation in North Korea to Salvation in America [同じ空の下で：北朝鮮での飢餓から、アメリカでの救済まで]』と題した回顧録を執筆した。その冒頭にはこう記されている。「北朝鮮の飢饉では数十万人が犠牲になった。しかし、飢饉は目には見えない仕掛けも仕込んだ。たとえ身体は生き残っても、やがて長いときが経ってから、魂にはそのときの傷が刻まれていると知るのだ。当時僕が出会った多くの人々もそうだった。僕もそうだ」

人権保護および難民の再定住をめぐる問題に光を当てるため、ジョセフは今も研究と執筆を続けている。現在彼はジョージ・W・ブッシュ大統領センターのヒューマン・フリーダム・イニシアチブで働き、センターが発行する「ジャーナル・オブ・アイディアズ」に次のように記し、難民支援を推進している。「現在の状況で難民を保護するには費用がかかります。しかし、彼らを救えない場合の損失はもっと大きいのです。国際社会が彼らに手を差し伸べなければ、私たちは人類の一部を失い、文明は一歩後退します」

Hope is personal. It is something no one can give to you; you have to make it yourself. Don't try to find hope — try to make your own.

希望はあなた自身のものです。
誰も与えることはできません。
自ら希望を生み出さなければなりません。
希望をどこかに見つけようとせず、
自分自身の希望を形にしてください。

ジョセフ・キム
23歳

シウダッド・ダ・ラス・イデアスでのスピーチ

2013年メキシコ、プエブラ、
シウダッド・ダ・ラス・イデアス

幼い頃の僕は、ごく普通の北朝鮮の少年でした。朝が苦手で、1日のほとんどは好きな漫画のキャラクターになりきって冒険をし、木に登ったり飛び降りたりしながら、いつか空を飛べるはずだと夢見ていました。しかし13歳のとき、すべてが変わりました。父が飢えで亡くなったのです。その後まもなくして、姉はお金を稼ぐために中国へ行きました。僕の大好物をお土産に、すぐに帰ってくると姉は約束しました。そしてある日、母が姿を消しました。それ以来、家族とは一度も会っていません。

僕は孤児となり、当時北朝鮮にたくさんいたホームレスの少年少女のひとりになりました。気づけば路上で食べ物を乞うていました。地元の市場で買い物をしている人に近づき、「残り物のスープをくれませんか?」と、頭の中で1,000回以上繰り返してから、声に出して頼みました。人間として生きることを諦めました。心配なのは、生きていけるかどうかだけでした。

かつては別の町に住む祖父母を訪ねるためにワクワクした気持ちで使っていた駅は、空っぽのおなかを抱えて長く寒い夜を過ごす場所になりました。最初の夜には木のベンチの端に横わってひどく泣きました。駅にいると思い出がよみがえってきました。両親と姉と一緒に電車を待っていたときのことを。何よりも涙を湧かせたのは、空腹でも痛みでも寒さでもありませんでした——孤独、心の空洞でした。

数えきれないほどの栄養失調の子どもたちが汚れた地面に横たわり、飢えに苦しみながら、ただただ最期のときを待っているのを見ました。ある5歳の少年は同じ言葉を何度も繰り返していました。「ごはん、ごはん、ごはん」と。次の日、その子は「ママ、ママ、どこにいるの、ママ?」と呼び始めました。その後の2日間は小さくささやくだけだったので、何を言おうとしているのかわかりませんでした。その子が死ぬと、警察が来て死体を回収しました。

厳しい寒さやおなかの痛みで眠れないときには、朝になったら姉が僕の好きな食べ物を持って帰ってきて、起こしてくれるかもしれないと願っていました。その希望だけで生き続けました。

姉の帰りを3年間待った末、僕は自力で姉を探すために中国に行くことにしました。危険な旅になるとはわかっていましたが、どちらにしても命は危ういのです。父のように飢え死ぬ可能性もあるのですから。中国に逃げることは、少なくともよりよい生活を送るための挑戦になります。2006年2月15日、僕は中国に到着しました。たくさん食べ物があるから中国での生活の方が楽だろうと思いました。でも、いつか捕まって送り返されるのではないかといつも心配でした。奇跡的に、数か月後、僕はリバティ・イン・ノース・コリア、通称LiNKというNGOに出会いました。彼らの助けを借りて、僕は北朝鮮難民としてアメリカに行くことができました。

アメリカでの生活はそれまでとはまったく違っていました。夜はどんどん短くなっていきました。眠りに就きやすかったからです。食べ物も、毛布も、寝る場所もあるのですから。

希望はあなた自身のものです。誰も与えることはできません。自ら希望を生み出さなければなりません。希望をどこかに見つけようとせず、自分自身の希望を形にしてください。諦めないでください。

Melissa Shang

メリッサ・シャン
障がい者の権利と表現を訴える活動家

障がいを持つ少女の夢

2014年アメリカ合衆国、ニューヨークシティ、
国連国際ガールズ・デー

あなたは、自分の存在が認識されていないと感じたことはあるだろうか？

メリッサ・シャンがそう感じたのは、本、映画、テレビ番組で自分のようなキャラクターを見かけないからだった。進行性の筋力低下と筋委縮を引き起こす筋ジストロフィーという病を患うメリッサは、身体的なハードルに加え、障がい者として生きるということに対する世間の認識の足りなさにも対処しなければならないのだ。

メリッサはこの状況を変え、障がいのある少女にも語るべきストーリーがあることを世界に示したいと考えた。10歳のとき、メリッサは人形メーカーのアメリカンガール社に障がいのある人形を作るよう請願することにした。請願書には15万以上の署名が集まった。会社がそのような人形を販売することはなかったが、メリッサは諦めず、引き続き請願という手段を使って同じように障がいを持つ人たちのために活動した。メリッサは『Mia Lee Is Wheeling Through Middle School [ミア・リーの、車椅子での中学校生活]』という児童書を姉と共同執筆した。この話の主人公は車椅子の少女で、その障がいは見て明らかだが、それが彼女のすべてではない。メリッサが国連の国際ガールズ・デーで行なったスピーチが思い出させてくれるように、障がいのある女の子も結局は「普通の女の子たちと同じ」なのだ。

ときどき私は、自分が世の中から見えていないように感じます。私は11歳の中国系アメリカ人で、物心がついた頃から筋ジストロフィーの一種であるシャルコー・マリー・トゥース病を患っています。どこに住んでいても、アメリカでさえも、障がいのある女の子として生きるのは大変です。筋ジストロフィーを患っていると、ランニングやスケートなど、他の女の子が当たり前にできることができません。学校の活動に参加できないことも多いです。農場は障がい者にとって安全ではないという理由から、5年生の校外学習には連れて行ってもらえませんでした。休み時間は友達と一緒に校庭の隅でおしゃべりをしながら、クラスの子たちが縄跳びやけんけん遊びやうんていをする姿を眺めています。教室でも、他の子たちのようにはノートをとれないので特別な器具を使わなければなりません。

障がいを持つ女の子にも夢があることを人々は忘れがちです。私たちの見た目は普通の女の子と違うかもしれません。私のように車椅子に乗っている子もいれば、他の子にはない困難を抱えている子もいます。でも、私たちの中身は普通の女の子と同じで、普通の子と変わらない考え、感情、夢を持っています。

映画やテレビを観ていると、まるで障がいのある女の子は世の中から見えていないように感じます。私たちが中心となったストーリーはどこにもありません。障がいのある女の子として生きるのは大変です。でも、壁がたくさんあるからこそ、たとえ外からは弱く見えても、内側は他の子より強いのです。いつの日か、障がいのあるすべての女の子が自分について語る機会を持ち、他の人たちと同じように扱われることを願っています。

Jazz Jennings

ジャズ・ジェニングス
トランスジェンダー人権活動家

ジャズ・ジェニングスは、LGBTQ の人権を訴える活動家であり、有名ユーチューバーでもテレビスターでもあり、世界各地で自らのストーリーを語ることで他のトランスジェンダーの若者への愛、希望、受容のメッセージを発信する演説家だ。男性として生まれたジャズは、幼い頃から自分を女の子だと認識し、学校やスポーツの場で本当の自分を認めてもらえるよう家族と共に奮闘してきた。ジャズの一家は、彼女が女子チームでプレイできるよう米国サッカー連盟に要求する一方、小さな子でも自分の心と身体の性の不一致がはっきりわかるのだということを受け入れられない学校にも対処していく必要があった。

現在のジャズは、リアリティショー「アイ・アム・ジャズ」に出演し、これまでに回顧録であり共著の児童書『I Am Jazz［私はジャズ］』を出版している。また、トランスジェンダーの子どもたちの支援を目的とした財団「トランスキッズ・パープル・レインボー・ファウンデーション」の共同創設者でもある。この財団は、青少年トランスジェンダーのためのイベント後援、サマーキャンプへの奨学金提供、研究資金の寄付、ホームレスの青少年トランスジェンダーとその家族への金銭的支援などを行なっている。

ジャズは、ヒューマン・ライツ・キャンペーン（HRC）財団主催のタイム・トゥー・スライブ会議で行なったスピーチで、特に学校の場で子どもたちが自由に性自認を表現できる方針を作っていくことが重要だと強調したうえで、今の自分は周りの大人たちのおかげで安心して学び成長できていると感謝を示した。

I am proud of the way I am, and wish that all transgender kids could embrace their uniqueness like I do.

私は今の自分を誇りに思っています。
そして、すべてのトランスジェンダーの子たちが、
私のように自分の個性を
受け入れてくれることを願います。

ジャズ・ジェニングス
14歳

2015年HRC財団タイム・トゥー・スライブ会議にて

2015年アメリカ合衆国、オレゴン州ポートランド

私はごく普通の14歳の女の子です。友達と出かけたり、サッカーやテニスをしたり、絵を描いたり物語を書いたり、そして何より、パソコンでテレビ番組をだらだらと観るのが大好きです。ああ、そして、たまたまトランスジェンダーなのです。誤解のないように言うと、最後の点はネガティブな要素ではありません。トランスジェンダーであることは私を特別な存在にし、今の私を形作りました。私は今の自分を誇りに思っています。そして、すべてのトランスジェンダーの子たちが、私のように自分の個性を受け入れてくれることを願います。私は、自分のストーリーを共有することで、自分を愛そう、周りと違ってもいいんだというメッセージがあちこちに広まるようにしています。

私が生まれたとき、出生証明書に書かれた性別は男性でした。でも、自分を表現できるようになり始めたときにはすでに、私の振る舞いは女の子そのものでした。キラキラとかわいくて女の子らしいものに惹かれました。母や姉のようになりたいと思いました。いつも人魚やお姫様のように着飾って、ディズニーストアで結構な値段で売っていたプラスチックのハイヒールを履いてビーズのネックレスをつけていました。3歳のときには自分に「スパークルズ」というニックネームをつけていました。自分は女の子なんだと主張し始めたのはこの頃です。

プレスクール［小学校・幼稚園教育前の子どものための教育機関］では多くの反対にあいました。プレスクールにとって、トランスジェンダーの園児など前代未聞だったのです。キンダーガーテン［保育園の後、小学校就学前に通う小学校併設の幼稚園的役割］の入学が近づくにつれ、両親は私に無理やり普通の男の子として小学校に通わせるのはよくないと考えました。学校側からの反発を見越して両親は入学

の数か月前に校長先生との面会を求めました。（校長は、）自分の学校で男子が女子として通うという考えを受け入れられず、私が女子として入学することに断固として反対し、heやsheという代名詞を私に使わないことを提案しました。それでも要求を続けると、ついに校長は折れ、私に女性の代名詞を使うことを許可しました。唯一、校長の意見を変えられなかったのは、トイレという大きな問題をめぐってでした。休み時間に私が使っていいとされたのは、保健室のトイレでした。しかしそこは、児童が吐くために来たり、ひどいケガをしたときや鼻血が出たときに使う場所でした。そこを使うのはとても怖かったです。その結果、トイレを我慢して、よく漏らしてしまいました。

両親は私が女子サッカーリーグに参加できるように働きかけることで忙しかったので、トイレの問題は数年間保留されました。幸い、5年生になるときには校長が代わり、教育委員会は典型的な性別の枠に当てはまらないすべての学生の権利を守るための方針を設けました。ようやく安心して用を足すことができてうれしかったです。私は今中学生で、学校側は100%味方になってくれていると言えます。素敵な校長は、私がいつも他の女の子たちみんなと同じ扱いを受けるようにしてくれています。スポーツでは女子チームでプレイし、他の女の子たちと同じ服を着られています。

今、私は自分をラッキーな子だと思っています。うちの学校には、何かが必要なときに頼れる大人たちがいます。でも、私がもっと小さい頃にもはるかにいい状況はありえたはずです。すべての学区が私のような子を守る方針を設けるべきです。トランスジェンダーの若者の50%近くが21歳までに自殺を図ろうと試みることを覚えておいてください。あなた方ひとりひとりが、この数字を減らす力を持っているのです。

Malala Yousafzai

マララ・ユスフザイ

ノーベル平和賞受賞者・教育機会論者

マララ・ユスフザイは平和と人権尊重を訴えるパキスタンの活動家であり、特に女性が男性と平等の教育を受ける権利を求める運動を行なっている。マララの活動歴は長く、2009 年にはすでに BBC でブログを書き始めていたが、世界中の人々が初めて彼女の名前を知ったのは 2012 年 10 月のことだった。タリバンとパキスタン軍との衝突による不安定な情勢下、タリバンは教育の権利を求めるマララの活動への報復措置として、パキスタンのスワット渓谷で彼女を銃撃したのだ。マララは治療のためにイギリスの病院に搬送され、世界中からこの暴力行為に対して非難がわいた。

完治後、マララは「マララ基金」という非営利団体を立ち上げた。団体は、助成金を利用して女子学校の建設や教育プログラムへの資金提供などを行なっている。マララは著書『I Am Malala』(『わたしはマララ 教育のために立ち上がり、タリバンに撃たれた少女』2013 年、金原瑞人訳、西田佳子訳、学研プラス)を出版し、子どもの権利を訴える活動家カイラシュ・サティヤルティとノーベル平和賞を同時受賞した。17 歳での受賞は史上最年少だった。その後もマララは世界各地でスピーチを行ない、国連会議にも数多く登壇してきた。2015 年 9 月の国連サミットでは、「子どもたちが安心して教育を受けられる安全な世界」をテーマにスピーチをした。

2017 年、マララはオックスフォード大学に合格し、政治学、哲学、経済学を学び始めた。今や彼女は教育の促進および難民と女性の権利保護を訴える活動家として国際的に知られ、世界各国のリーダー、人道主義者たち、ツイッター上の 150 万人のフォロワーに影響を与えている。

マララは、世間に知られた自身の立場を活かし、声なき声を持つ人々にも世界の注目が向くようにしている。マララ基金で教育プログラムを支援する難民キャンプを訪問した際に会った人たちなど、紛争によって避難を強いられている世界各地の数百万人の声を背負っているのだ。マララは、共著書『We Are Displaced』(『マララが見た世界 わたしが出会った難民の少女たち』2020 年、西田佳子訳、潮出版社)で避難民の置かれている窮状について述べ、ガーディアン紙のインタビューではこう語った。「人々はときに、難民をただの被害者だと考えます。彼らにはきっと悲しいストーリーがあるに違いない、と。確かに彼らは悲しい思いをしてきましたが、しかし同時に、彼らがどれほどの勇気を持ち、どれほど勇敢であるかを私たちに教えてくれます」

ニューヨーク国連本部でのスピーチ

2015年アメリカ合衆国、ニューヨークシティ、国連総会

Bismillah hir Rahman ir Rahim.
（最も慈悲深く寛大な神のみ名において）

　始める前に、少しだけ静かにしてみていただけますか──若者たちの求めに耳を傾けてください。親愛なる兄弟姉妹のみなさん、世界を率いるみなさん、視線を上げてください、未来の世代が叫んでいるのです。

　今日、この場にいる私たち193人は、何十億人もの若者を代表しています。私たちが手に持つランタンひとつひとつは、「グローバル目標」に向けて掲げたコミットメントが実現しうる未来への希望を表しています。

　私はこれまでの人生で、テロリズム、避難生活、教育機会の喪失を経験しました。そして、いまだに何百万人もの子どもたちがこうした悲劇に苦しんでいます。

　（3歳の）アイラン・クルディが海岸に横たわって亡くなっている痛ましくショッキングな写真、ボコ・ハラムに娘を奪われて涙を流す両親たち、家も希望もないシリア国境の幼い子どもたち。彼らを見て、私たちはこう自問せずにいられません。「これから何人が新たに殺され、拒絶され、放置され、ホームレスになっていくのを見ることになるのだろうか。あと何人が?」

　世界は変化を必要としています。世界はそれ自体では変われません。変化をもたらすのは、

私であり、あなたであり、私たち全員なのです。

　教育は特権ではありません。教育は権利です。教育こそ平和なのです。

　親愛なる世界の指導者のみなさん、親愛なる兄弟姉妹のみなさん。私たちに約束してください。パキスタン、インド、シリア、そして世界中のすべての子どもたちに約束してください。彼らに平和を、繁栄を約束してください。

　私の勇敢な親友サラームに、そして難民の子どもたちに、教育機会を約束してください。戦争が学習を阻めはしないのだと。

　ボコ・ハラムに拉致された少女たちが無事に保護され、全員が安心して勉強できるようになると、私の親友アミナに約束してください。

　掲げた誓約を守り、私たちの未来のために時間とエネルギーを割くと約束してください。

　すべての子どもが安全で自由かつ質の高い初等・中等教育を受ける権利を得ると約束してください。

　これは世界にとって必要な努力であり、世界のリーダーたちがしなければならないことです。

　私たちみなが、そして国連が、教育と平和という目標に向かって団結できるはずだと期待しています。世界をもっと生きやすい場所にするだけでなく、最高の場所にできるはずだと。

　教育は希望です。教育は平和そのものなのです。

The world needs a change.
It cannot change itself.
It is me, it is you, it is all
of us who have to
bring that change.

世界は変化を必要としています。
世界はそれ自体では変われません。
変化をもたらすのは、私であり、
あなたであり、私たち全員なのです。

マララ・ユスフザイ
18歳

Patrick Kane

パトリック・ケイン
障がい者人権活動家

テクノロジーが
障がいという概念を変えるわけ

2015年イギリス、ロンドン、
WIRED ネクスト・ジェネレーション

生後9か月のとき、パトリック・ケインは深刻な血液感染症で命を落としかけた。その感染症によって組織が破壊され、右脚の膝下、左手のすべての指、右手の2本の指を切断することになった。パトリックはすぐに新たな生活に順応しなければならなかった。義肢をつけ、障がい者ができることとできないことに対する世間の理解に対処していく日々だ。しかし、彼がガーディアン紙で語ったように、パトリックの両親は他の子どもたちができることをすべて彼にもやらせた。制限されることがなかったおかげで、パトリックは友人たちと同じようにあちこち走り回って冒険をした。

彼が幼い頃に使っていた義肢は型が古く、しょっちゅう外れたり、着け心地の問題で調整しなければならないこともあったが、それでも彼は満足していた。しかし、2015年にロンドンで開催されたWIRED ネクスト・ジェネレーションで語ったように、13歳のときに最年少でバイオニックアーム（筋電義手）を装着した瞬間、それまでの考えが一変した。その経験をきっかけに彼の中で義肢への期待が大きく高まり、21世紀には「障がい」という言葉の定義が変わっていくだろうと思えたのだ。数多くの技術革新の恩恵を受けられる今、障がいを持つ人々ができることに対する古い考えはもはや通用しないとパトリックは言う。

（「障がい」という言葉は）、もはやその定義に当てはまらない人にとって迷惑なものになってきていると思います。この言葉は、僕の能力と他の人たちの能力について勝手に前提を作ります。さらに困るのは、この言葉はその人が本来できるはずのことを「できない」と決めつけ、行動の機会を奪うことです。

この言葉がもう使われなくなるだろうと思う理由は、テクノロジーが障がい（disability）と能力（ability）の間の溝を埋めているからです。盲目の人がものを見て、脚のないアスリートが走り、対麻痺患者が再び歩けるようになるなんて、とても信じられない話に聞こえます。もちろん50年前にはありえなかったでしょう。しかし僕たちは今、テクノロジーが人間の手足を凌駕さえするかもしれない岐路に立っています。僕にとってテクノロジーは人生の大きな部分を占めてきました。生後17か月のときには義肢を使って歩けるようになりました。僕が生まれたときから、パラリンピックの短距離走のタイムは3.2%短縮しました。健常者のオリンピックでこの短縮幅を達成するのには41年かかりました。

多くの点で、僕は信じられないほど幸運です。第一に、僕が生まれたロンドンは、多様性と障がいを積極的に受け入れる都市です。また、僕にとって小さい頃から必要だった高機能の義肢を買うお金を払える家族のもとに生まれたことも幸運です。人の生活を大きく変える力を持つ高機能義肢に対して政府がお金を払おうとしないという事実には、控えめに言っても心が乱されます。

まとめると、社会はもはやその目的に適さない用語を使っています。その定義が当てはまらない人もいるような単語を、これからどうやって使い続けていくのでしょうか。それは有害でさえあると思います。だから、新しい言葉が必要です。どんな言葉がいいのでしょう、それが問題です。

Emer Hickey and Ciara Judge

エマー・ヒッキー、シアラ・ジャッジ
科学者

エマー・ヒッキーとシアラ・ジャッジは、世界の食糧危機と農業生産に幅広く影響を与えうる研究で国際的に評価される科学者だ。アイルランドのコーク出身のふたりが研究を始めたのは、まだ14歳のときだった。きっかけは、ガーデニング中にエマーが植物の根にバクテリアがついているのを見つけ、理科の教師のもとに持って行ったことだ。それからバクテリアについて詳しく学んだふたりは、バクテリアが植物の収穫量を増やす可能性に興味を持った。ふたりは3年間にわたって研究を行ない、シアラの家の客室と、やがては「キッチン、居間、サンルーム、庭」を研究室にして、14,000以上の種子をテストしたという。

バクテリアの一種である根粒菌が特定の植物の収穫量を74%も増加させる可能性があることを発見したふたりは、この結果はたくさんの人に知らせる価値のあるものだと考え、各地のサイエンスフェアで発表し始めた。エマー、シアラ、そして研究仲間のソフィー・ヒリー＝ザウは、欧州連合（EU）青少年科学者コンテスト、BT青少年科学者・技術展、Googleサイエンス・フェアなど複数の大会で優勝した。

EUのコンテストでは90か国以上に及ぶ数千のエントリーの中から優勝者として選ばれ、Googleサイエンス・フェアの賞には、ナショナル・ジオグラフィック共催のガラパゴス諸島への旅、研究プロジェクトに対する25,000ドルの奨学金および50,000ドルの助成金、ヴァージン・ギャラクティック社による宇宙飛行訓練が含まれていた。

2014年に「タイム」誌は「世界で最も影響力のあるティーン」のリストにエマーとシアラを載せ、他にも世界各国のメディアが彼女たちを賞賛してきた。ふたりは2015年に立ち上げた調査会社ジャーマネイド・イノベーションズを共に率い、農業分野の研究をさらに進めている。また、10代が運営する非営利の起業支援団体であるプロジェクト・ジルカーにもサポートを提供している。ふたりは他の若者たちも必ず変化を起こせるはずだと信じ、「今すぐ始めよう」と題した2015年のスピーチで語ったように、自分たちのストーリーは特別なものではなく、アイディアがあれば誰でも社会に影響を与えることができるのだと主張する。

People think you have to be some sort of genius to carry out a project like this. You don't.

みんな、天才でなければ
このようなプロジェクトを行なうのは
無理だと考えます。
そんなことはありません。

エマー・ヒッキー、シアラ・ジャッジ
18歳

今すぐ始めよう

2015 年イギリス、ロンドン、WIRED ネクスト・ジェネレーション

エマー・ヒッキー（以下 EH）：私たちのストーリーの始まりは、私が母と一緒にガーデニングをしているときでした。エンドウ豆を引き抜くと、根っこに気持ちの悪いコブがついていました。少し調べたところ、コブの中には根粒菌というバクテリアが生息していることがわかりました。私たちは、せっかくこのバクテリアの存在を知ったのだから、これで世界の食糧危機を解決してみようと決めました。これが 14 歳の私たちの目標となりました。

シアラ・ジャッジ（以下 CJ）：研究室などを利用できる立場ではなかったので、うちで使われていない寝室を自分たちで研究室に変えることから始めました。必要な道具はすべて自分で用意しました。また、バクテリアの研究について学校でまだ教わっていないこともたくさん学ぶ必要がありました。そうして、科学の新たな側面を知ることになりました。教科書に書かれていない側面を。

EH：トレイをいくつも用意し、そこにひとつずつ種子を入れてから、ピペットで正確な量のバクテリア溶液を注ぎました。大変だったのは、6 時間ごとにこれらの種子をひとつひとつ調べて、小さな根が生えているか確認しなければならないことでした。6 時間ごとにこの確認をする必要があるので、つまり、夜中の 12 時に 1,000 以上の種子を調べることもあり、作業は順調にいっても 2 時間はかかるのですが、朝 6 時に起きて再びすべてを調べました。これが 2 週間続きました。

CJ：10,000 以上の種子を調べたのち、結果を分析すると、発芽速度が 50% 向上し、生産性が最大で 74% 向上したことがわかりました。この結果が食糧危機にとても大きな影響を及ぼせることは確かで、私たちは大喜びでした。

EH：みんな、天才でなければこのようなプロジェクトを行なうのは無理だと考えます。そんなことはありません。私たちは天才でもなんでもありません。努力と情熱、そして、正直に言って、たくさんの幸運が重なった結果です。数多くの種類のバクテリアの中からたまたまひとつのバクテリアを見つけ、それがうまく作用する作物にたまたま添加しただけです。本当に運でした。そして、この 3 年間のプロジェクトを通してわかったのは、どんなことでも一度情熱が芽生えればあらゆる面で無理なく取り組めるということです。もちろん、多くの困難も伴いますが。

CJ：プロジェクトや組織、さらには事業を始めたいと考えているなら、待ち受ける仕事の山に圧倒されないでください。確かにこなさなければならない仕事は山のようにありますが、段階に分けて考えればいいのです。「一夜の成功」を実現するためには、実際には数百夜かかるのです。（このプロジェクトが）たとえうまくいかなくても、少なくとも私たちにも世の中にもこれはちゃんとわかるはずだ、と考えていました——私たちが証明しようとした結果が出なくても、何かを証明することはできるだろうと。この世界が持つ知識をほんの少しでも増やすことができるだろうと。誰に何を言われようと、それは誇れることです。ごく普通の若者でも、今私たちが住むこの世界に巨大で歴史的な変化をもたらすことができるのです。

Raymond Wang

レイモンド・ワン
発明家

世界的パンデミックを描くパニック映画から、風邪がうつらない席の選び方を説く潔癖なコラム記事まで、飛行機は病気が感染する定番の場所として考えられてきた。しかし、カナダの発明家レイモンド・ワンは、それを当然とすることに満足しなかった。バンクーバーにあるセント・ジョージズ・スクールの 11 年生だった 17 歳のとき、レイモンドはエボラ出血熱の感染について調べ始めた。機内における従来の空気の流れでは乗客間で病原体を拡散させてしまうことを問題視した彼は、感染をもたらすその気流をいくらか遮れそうな設計について考えた。

飛行機の客室内の空気の流れをシミュレートしたコンピューターモデルを使ってさまざまな設計を試したレイモンドは、ついにうまく機能するものを見つけた。彼が「グローバル吸気管理装置」と呼ぶそのシステムは、小型のファンを取り付けることで乗客ひとりひとりの呼吸ゾーンを作り出し、他の乗客が客室内の他の場所で呼吸した（さらにはくしゃみや咳をした）空気が循環するのを防ぐというものだ。2015 年シウダッド・ダ・ラス・イデアスで行なった

スピーチで、レイモンドはこの仕組みについて詳しく説明した。

この発明により、レイモンドは権威あるインテル国際科学技術フェアで最優秀賞にあたるゴードン・E・ムーア賞を受賞し、75,000 ドル（約 800 万円）を獲得した。カナダの「世界を変える 20 歳未満 20 人」にも選ばれた彼は、ボストンのハーバード大学に入学した。さらに、レイモンドの発明は飛行機内の気流改善装置にとどまらない。サステナビリティ（持続可能性）に対する深い情熱に突き動かされ、彼は「ウェザー・ハーベスター」（天候から得られるエネルギーを貯蔵する圧電型屋根）、「スマート・ニー・アシスタント」（膝の動きをサポートする動的サポーター）、「サステナブル・スマート・サニタイザー」（光を動力源として屋外のゴミ箱を脱臭・消毒する廃棄物処理システム）の開発にも取り組んできた。また、サステナブル・ユース・カナダという非営利団体を設立し、全国の学生に温暖化対策のリーダーになるための力を与えるべく尽力している。

シウダッド・ダ・ラス・イデアスでのスピーチ

2015年メキシコ、プエブラ、
シウダッド・ダ・ラス・イデアス

　今、みなさんに少しだけ時間をとっていただき、飛行機の中に座っていると想像してもらいたいと思います。周りには200人以上の人がいて、あなたはこれから人生のうちの10時間を費やし、この金属の物体に詰め込まれて世界を半周するところです。そこで、誰かがくしゃみをしたらどうなるでしょうか？

　本当はあまり多くなければいいのですが、実際には、1回のくしゃみで感染しうる病気はたくさんあります。インフルエンザやSARSをはじめ、いくらでも挙げられます。毎年30億人以上が飛行機に乗ることを考えると、これは深刻な問題です。H1N1型インフルエンザにかかった人が飛行機に搭乗したとき、17人の乗客に感染しました。SARS患者からは3時間のフライトで22人の乗客に感染しました。乗客が病気にかかっているかどうかをはじめから把握して飛行機への搭乗を防ぐことは非常に困難です。病気にかかっていても症状が出ない期間があるからです。

　でも、飛行機にはすでに空気フィルターがあるじゃないか、と思いました。そのフィルターはとても効率的で、最大で病原体の99.9％をブロックします。しかし、空気が通らなければフィルターは意味を成しません。従来のキャビンでは、空気があちこちで混ざり合ってしまっています。誰かが何かを吐き出せば、その空気は何度も機内を循環してからようやくフィルターを通ってろ過されているのです。

　これは大問題だと思いました。どうすれば解決できるのでしょうか？　最初は、飛行機を借りてテストをするようなお金はないということ

が頭に浮かびましたが、もっといい選択肢があると気づきました。代わりにコンピューターモデルを作ればいいと。業界ではこれを数値流体力学ソフトウェアの使用と呼びます。このソフトはとても優秀で、シミュレーションをすればキャビン内の気流を実際に測るよりも数倍精密な結果が得られます。

　僕は32を超えるシナリオを想定してテストを行ない、キャビンに少しずつ手を加えながら気流パターンを変えていきました。そうして最後に行き着いたのが、特許出願中の「グローバル吸気管理装置」です。これによって病原体の伝播を約55分の1に減らし、乗客が吸う空気を約190％改善できます。現在使われているキャビン構造をベースにしているので、僕の発明品をそのままネジで取り付ければ一晩で準備完了です。キャビン全体に取り付けても1,000ドル（約10万7,000円）もかかりません。そして、改良されたキャビンを見れば、結果は驚くべきものです。

　基本的にはどんなものでもアイディアから始まります。僕の場合は、12月にエボラ出血熱流行のニュースを聞いたことが始まりで、それが研究に乗り出すきっかけになりました。問題の解決に取り組むために博士号は必要ありません。大学の学位さえ必要ありません。僕たち人間には、創造し、変化を促すためのすばらしい能力が生まれながら授けられているのです。僕たちが本気で力を合わせ、この部屋にいる全員も外の人たちもみんなが行動を起こそうと決心すれば、世界を本当によりよい場所にすることができるのです。

As human beings, we have been gifted with the fantastic ability to be able to create, and to be able to facilitate change.

僕たち人間には、創造し、
変化を促すためのすばらしい能力が
生まれながら授けられているのです。

レイモンド・ワン
17歳

Megan Grassell

メガン・グラッスル
起業家・服飾デザイナー

セント・キャスリンズ・スクールでのスピーチ

2015年アメリカ合衆国、バージニア州
リッチモンド、セント・キャスリンズ・スクール

妹の初めてのブラジャー選びを手伝っていたとき、メガン・グラッスルは驚きの事実に気づいた。店で売られているブラジャーはあまりにもセクシーなものばかりで、年齢の低い女の子が自分に合ったものを探す場所がなかったのだ。

仕方がないと現状を受け入れる代わりに、メガンは行動を起こすことにした。「不安定な17歳の女の子」と自称する高校2年生の彼女だが、自らブランドを立ち上げて、妹のような女の子にもっといいブラジャーを提供する挑戦に乗り出したのだ。

2014年、メガンはブラジャーの開発資金として、クラウドファンディングのプラットフォームであるキックスターターで40,000ドル（約440万円）以上を調達した。イエローベリーと名付けた彼女の会社は、まだ若いわが子の初めてのブラジャーとして性的でないものを求める親たちのニーズにうまく合致し大成功を収めた。その後メガンは、「タイム」誌の「最も影響力のあるティーン25人」、Yahooの「注目のミレニアル世代24人」、「フォーブス」誌が毎年30歳未満の優秀な起業家や活動家を30人リストアップする「30アンダー30」に選ばれた。はじめはメガンの自宅で小規模に立ち上げられたイエローベリーは、ふたつのオフィスを持つまでに成長した。

メガンは「フォーブス」のインタビューでこう語った。「私からティーン未満の女の子たちにできるアドバイスは、背筋を伸ばして、あなたがどれほど賢くて才能があってすばらしい人かをしっかりと知ることです。実際にそうなのですから。それを理解しましょう」。バージニア州リッチモンドにある女子校セント・キャスリンズ・スクールの生徒たちに向けたスピーチでメガンは、現状に問題があると感じたときには恐れずイノベーションを起こそうと促した。

妹が13歳のとき、初めてのブラジャーを買うために買い物に連れて行きました。どのブラジャーもあまりにセクシーすぎて驚いたことを覚えています。パッド入りの寄せて上げるタイプのヒョウ柄ブラジャーをつけて試着室から出てきた妹を思わず隠してしまいたくなったときの記憶は鮮明に残っています。妹の年齢に合ったものはひとつもなく、そのときにハッと思いつきました。誰も年齢の低い女の子のためのブラジャーを作る気がないなら、私が自分で作る方法を見つけようと。

私は生地の仕入れ先をGoogleで調べ、他に必要な材料もあちこちから仕入れ、それらをバスケットに入れてジャクソン——私の出身地です——に住む仕立て屋のもとに持って行き、「ブラジャーを作ってくれませんか?」と頼みました。「図案はありますか?」と仕立て屋に訊かれ、「はい」と答えました。私は小学3年生が描いたような手描きのスケッチを用意していました。それを見た仕立て屋には笑われましたが、その後も何度となく自分の無知を思い知ることになりました。

仕立て屋と一緒に仕事をしながら、妹や彼女の友達にブラジャーを試着してもらって好き嫌いを尋ねるのと同時に、地元のアパレル業界の人たちにたくさん連絡を取りました。すばらしいアドバイスが得られ、すばらしいメンターにもたくさん出会いましたが、「ブラジャー業界に革命を起こす前に高校を卒業するべきじゃないかな」と言われることもたびたびありました。しかし、最も記憶に残っているのは、「セクシーな商品は売れる、そういうものだよ。ヴィクトリアズ・シークレットを知ってる?」と言われたときのことです。「そういうものだ」と誰かに言われたら、それをエネルギーに変えるべきです。もっとよくすることができるはずだと。それこそがイノベーションなのです。今あるものを改善し、もっとよい行動を起こして、前に進むことが、

Kenneth Shinozuka

ケネス・シノヅカ
設計者・発明家

ケネス・シノヅカの発明家精神は、身近な人たちが直面する問題を目の当たりにしたことから生まれた。6歳のときに家族の友人が風呂場で転んだことをきっかけに、ケネスは風呂場での動きを検知するシステムを考えた。このシステムは、誰かが風呂で転んだときに他の人の腕時計にアラートを送信するというものだ。ケネスがこのアイディアから実際に試作品を作ることはなかったが、将来的に彼が健康と安全のための発明を愛することになる兆しだったと言える。幼い頃、ケネスはアルツハイマー病を患う祖父が自力で生活する力を失っていくのを見た。病気が進行する中で特に心配だった症状は、祖父が夜中にベッドから起きて外にさまよい出て、自分がどこにいるのか、どうやって家に帰るのかわからなくなってしまうことだった。これによって、世話をしていた親戚は眠れない夜を過ごすことになった。これをきっかけに、当時14歳のケネスは靴下センサーを開発した。センサーをつけた人が深夜にベッドから出ると、介護者にアラートが送られるという仕組みだ。

この発明により、ケネスは数多くのニュースメディアから注目を集め、Googleサイエンス・フェアも彼に関心を持った。ケネスは「サイエンティフィック・アメリカン」誌のサイエンス・イン・アクション賞を受賞して 50,000 ドル（約530万円）を受け取り、2017年にはTEDカンファレンスでスピーチをした。いまや自身の発明品の製造・普及を行なう会社セイフワンダーの経営者でもある。

アイディアジェン EU リーダーシップ 2030サミットで行なったスピーチでケネスは、自分は「世界を変える製品」に与えられる賞を受け取ったが、自分の発明は必ずしも「世界を変える」と言えるほどではないとへりくだった。また彼は、「世界を変える」と言うときに私たちがどのような意味を込めているのかを問いかけ、壮大なビジョンを思い描く私たちは、実際には小さな瞬間が積み重なって世界を変える行動につながることを見落としているのではないかと語った。

祖父の安全を守るためのシンプルなイノベーション

2015 年アメリカ合衆国、ニューヨーク州、
アイディアジェン EU リーダーシップ 2030 サミット

「世界を変える」。これはどんな意味を持つのでしょうか？ 世界を変えることについて考えるとき、僕の頭にはまず3つのものが浮かびます。ひとつめは、貧困の根絶。ふたつめは、国際平和の構築。3つめは、教育の拡大。数々の壮大な考えです。

しかし、こうした文脈の中で忘れられがちなのは、世界を変えることは、ほんの小さなひとつの出来事をきっかけに、ひとりの人間の手によって始まる場合もあるということです。僕にとって、これまでの旅路のスタート地点となったのは祖父です。幼い頃、僕は祖父ととても仲良しでした。4歳のとき、祖父と僕は大好きな歌を歌いながら一緒に日本の公園を散歩していましたが、突然、祖父の表情がふっと消えたのです。祖父は自分のいる場所がわからなくなったのだ、と僕は察しました。まだ4歳だったので何が起きているのかまでは理解できませんでしたが、祖父が家への帰り方を思い出せないということはわかりました。母に見つけてもらうまでの 60 分間は、人生で最も恐ろしい時間でした。祖父の歌声が止まったあの瞬間が、彼のアルツハイマー病の最初の兆候でした。

数年かけて祖父の状態はどんどん悪化し、たびたび夜にベッドからさまよい出るようになり、ついにはそれが毎晩少なくとも一度起こるようになりました。おばは一晩中起きて祖父を見守っていなければならず、それでも祖父が出て行くのを防げないときがありました。僕はおばの健康と祖父の安全がとても心配になりました。ある晩、祖父を見守っていた夜、祖父がベッドから降り、足が床についた瞬間、これだ、これで家族の問題を解決できる、と気づいたのを覚えています。祖父のかかとの下に圧力センサーを敷いてみるのはどうか、と。足が床についたらセンサーが圧力の上昇をただちに検知し、おばのスマートフォンにアラートを送っておばを起こすのです。

困難はたくさんありましたが、最後に本当にやりがいを感じたのは、すべての部品を組み合わせて試作品が完成し、初めて祖父でテストしようと決めた瞬間でした。真夜中に、このセンサーがちゃんと機能するかどうかみんなで確かめたときのことを覚えています。祖父がベッドから降りると、アラートが小さく鳴り響くのが聞こえました。センサーが機能したのです。

その瞬間、テクノロジーが人生をよりよいものに変えられるということだけでなく、僕のセンサーが家族全員を安心させてあげられるのだという事実をこの身に感じました。この瞬間だけで、それまでの努力がすべて報われたと感じました。僕はこのアイディアをさらに追求し、今はセンサーの販売準備をしています。僕たちの生き方を変えるような、「世界を変える」という言葉が定義するような瞬間はどれも、考えてみれば、実際にはとても小さな瞬間なのです。世界を変えることは、時間という巨大な連続体の一片から始まるのです。僕たちが人類と呼ぶ集団の中のひとりの手によって始まるのです。僕にとっての始まりは、ひとりの人が迷子になったことでした。こうした小さな瞬間が僕たちの行く先を決めるのです。

Changing the world can start from just one very small event in time, and one person.

世界を変えることは、
ほんの小さなひとつの出来事をきっかけに、
ひとりの人間の手によって始まるのです。

ケネス・シノヅカ
17歳

Tara Subramaniam

タラ・スブラマニアム
教育改革活動家

　タラ・スブラマニアムが共同創設した学生主導の非営利組織スチューデント・ボイスは、学校内で学生にもっと意思決定の力を持たせることを目的としている。高校生のとき、タラは毎週ツイッター上でチャットを開催している学生グループ（ハッシュタグ #StuVoice を使って時間を決めて話し合っていた）に加わった。これは最終的にツイッターで有数の人気を誇る教育関連チャットとなり、閲覧回数は 500 万回を超え、ついにはアーン・ダンカン米教育長官も登場した。

　タラたちはチャットが生み出した勢いに乗って組織としてのスチューデント・ボイスを立ち上げ、学生たちの意見を聞くリスニングセッションを開催し、学生の要望を公に伝え、学生が諮問委員会のメンバーに就いたり教育関連の会議で発言することを可能にしてきた。組織はまた、学生の基本的権利を定めたいと考え、「学生の権利章典」を作成して活動の指針とした。のちに組織は全国ツアーを行ない、あまりにもひどい教育環境にある学校も含めてあらゆる学校を訪問し、学生の体験談に直接耳を傾けた。

　高校を卒業してジョージタウン大学に入学したタラは、スチューデント・ボイスをさらに大きな目標へと導いた。全国ニュースでも取り上げられるようになった組織は、全国各地の学校に支部を立ち上げ、学生が地域の法律体制の改革に参加できるよう基盤を作った。組織はまた、「スチューデント・ボイス・ジャーナリズム・フェローシップ」を通し、学生が自らアメリカの学校の状況を調査し報道するジャーナリズムを推進している。このフェローシップを通して、公立学校と私立学校の間に存在する芸術教育の格差から、高校スポーツにおける性差別まで、さまざまなトピックに関する報道が行なわれてきた。スチューデント・ボイスを共同創設し、のちに代表となったタラは、学生だけでなく社会の有力者たちにも組織の使命を伝えるという役目を背負っている。2016 年に教育の未来をテーマにホワイトハウスで開催されたサミットで、タラはスチューデント・ボイスの取り組みについて語った。

ホワイトハウス・ネクスト・ジェン・サミットでのスピーチ

2016年アメリカ合衆国、ワシントンD.C.、
ホワイトハウス・ネクスト・ジェン・サミット

　高校2年生になる前の夏、私は3人の大学生と一緒に、学生運営の非営利団体スチューデント・ボイスを設立しました。その目的は、学生に自分たちの教育を自ら作り上げるよう促し、そのための力を与えることです。私たちは学生の声をグローバルな教育環境に反映させる唯一の学生主導の組織であり、公平な学校教育を求める学生運動をサポートしています。

　2年前、私たちは「学生の権利章典」というプログラムを開始しました。この章典を構成する12の権利は、全国の学生の意見を参考に、アメリカの学生に質の高い教育とポジティブな学校体験をもたらすための柱として定めたものです。章典の目的は、学生が自分の学校の優れている点を把握すると共に支援を活用すべき点を見つけ出すための枠組みになることです。

　権利章典プログラムをさらに拡大するため、私たちは全国ツアーをしていくつもの学校を訪ねました。このツアーの中で私は、アメリカの教育に存在する驚くべき格差を目の当たりにしました——私たちの後に続こうとしている人たちにも明らかになったことを願います。

　私たちの組織で全国調査活動を率いるアンドリュー・ブレナンは、サウスカロライナ州の「恥の回廊」と呼ばれる地域を訪れました。その地域には36の公立学区に住む学生が13万2,000人いますが、そこの学校の中には、運営資金が少なすぎて学生たちが登校しなくなってしまっているところもあります。学生たちが単に授業を受けたくないからではなく、給料があまりにも少ないため教師が教えに来ないのです。それから1週間後、私たちチームはよく晴れたサンディエゴでハイテク・ハイ高校を訪ねました。そこの学生はみな2年生で企業などのインターンシップに参加することになっています。これらふたつのケースではいずれも、学生が受ける授業は一般的なものではありませんが、その形は大きく異なります。

　学校環境の改善と教育制度の現代化を実現するため、私たちは闘い続けなくてはなりません。「恥の回廊」などの地域の学校に、ハイテク・ハイに近づくための支援、資金、動機が与えられ、私自身が高校で得たサポートの少なくとも一部をすべての学生が得られるようになるまで。

We must keep fighting for a positive school climate and for a modern education system.

学校環境の改善と教育制度の
現代化を実現するため、
私たちは闘い続けなくてはなりません。

タラ・スブラマニアム
19歳

Joshua Browder

ジョシュア・ブラウダー
起業家

ボットは弁護士の代わりになるか？

2016 年アメリカ合衆国、カリフォルニア州
サンフランシスコ、オライリー・ネクスト・エコノミー

　イギリス系アメリカ人起業家のジョシュア・ブラウダーは、12 歳のときに独学で学んだプログラミングのスキルを活かし、法律相談用チャットボット「ドゥノットペイ」を開発した。2016 年に行なったスピーチでジョシュアは、きっかけは駐車違反切符を切られた自らの経験だと語った。そのときの不満をエネルギーにして、他の人たちが同じように経験している日常的ながらいら立たしい政府とのやりとりを助ける方法を生み出せるかもしれないと考えた──弁護士のサポートがあれば助かるが、簡単な手続きのわりに手を出しづらいほど料金がかかるケースが多いからだ。ジョシュアは、法律に関する一般的な質問に対して自動でアドバイスを返すサービスがあれば、安い料金で人々が求める支援を提供できるはずだと考えた。

　ドゥノットペイはたちまち人気を博し、利用者は 86,000 人を超えた。ジョシュアは、法的サポートの自動化は駐車違反以外にも役立つかもしれないと考えた。駐車違反の分野でこのチャットボットが成功を収めると、次にジョシュアはフライトの遅延およびキャンセルに対する補償を航空会社に求めるケースに目を向けた。2016 年、彼は「フォーブス」誌の「30 アンダー 30」に選ばれた。2019 年に彼が立ち上げたアプリ「フリー・トライアル・サーフィング」は、無料の試用期間が終わるときにキャンセルを忘れて不要な商品やサービスの代金を払うことにならないようサポートするというものだ。

　18 歳になると、駐車違反の切符を何度も切られました。四度目くらいに切られたとき、両親はうんざりしていました。そして、お前はもう大人なんだから罰金は自分で払えと言われました。ただ、僕には弁護士を雇うお金も罰金を払うお金もなかったので、違反切符を無効にするすべを考え出さなければなりませんでした。切符を無効にできる理由を探して、曖昧な表現で書かれた政府文書を何百ページも徹底的に調べました。やがてその試みが成功し始めると、家族や友人たちが助けを求めてくるようになるまで長くはかかりませんでした。

　しかしまもなくして、ひとりひとり個別に助けるより、全員をまとめて助けるための自動化システムのようなものを作る必要があるとわかりました。ロンドンの弁護士数人にこの弁護士ロボットのアイディアについて意見を聞いたとき、比較的親切な言い方をしてくれた人もいましたが、ひとり残らず全員が、こんなバカげたこと、絶対にうまくいくわけがないと言いました。

　それでも、きっとクールなプロジェクトになるはずだと考え、ボットを作って「ドゥノットペイ」と名付けました。このボットは、まずユーザーに駐車違反切符についていくつかの質問をし、駐車場が小さすぎるなど法的防御になる要素を見つけます。次にボットは詳細な情報を求め、その情報をもとに、政府に直接送れるような法的に有効な文書を作成します。ボットを作ったときは、数人の友人を感動させることだけを目的にしていたので、わずか半年後にこのドゥノットペイが法の世界を荒らすことになるなんて想像もつきませんでした。そうして 1 年足らずで 18 万枚以上の駐車違反切符に対してボットを利用した不服申し立てが行なわれ、ドライバーたちは推定 500 万ドル（約 5 億 4,000 万円）の罰金を支払わずに済みました。そうして、法的問題を抱える人たちにボットの自動サポートを提供するというアイディアは、駐車違反の切符だけにとどまらないはずだと気づいたのです。

Krtin Nithiyanandam

クルティン・ニティヤナンダム
科学者・発明家

クルティン・ニティヤナンダムの科学と研究への関心が高まったのは、ケガでスポーツができなかった期間だった。空いた時間を使って彼は研究プロジェクトを始めた。そうしたプロジェクトのひとつが、早期発症型アルツハイマー病の診断テストだった。クルティンは15歳のときに2015年度Googleサイエンス・フェアに出場し、その発明で25,000ドル(約270万円)の賞金を獲得した。

認知症と診断されている人は世界で約5,000万人に上る。研究者らはこのうちの60〜70%をアルツハイマー病が占めると考える。基本的な作業や自立した生活ができなくなり、愛する人のことさえ忘れてしまうという可能性はそれだけでぞっとするが、治療の選択肢が限られていることがこの病をいっそう恐ろしいものにしている。アルツハイマー病は、治療が難しいのと同じ理由から、発見が難しいことでも知られ

ている。アルツハイマー病には、体内の異物、ホルモン、神経伝達物質と脳とを隔てる半透過性の関門である「血液脳関門」の異常が関係している。クルティンは、アルツハイマー病の発症に関連する極めて神経毒性の高いタンパク質ファミリーに結合できる抗体複合体を開発し、その抗体に血液脳関門を通過させて病気の診断に利用する方法を考え出した。

オブザーバー紙はクルティンを「科学の新星」と呼び、「タイム」誌は2017年に彼を「最も影響力のあるティーン30人」に選び、クルティンは王立医学会などから研究に関するスピーチの依頼を受けた。16歳のときにWIREDネクスト・ジェネレーション会議で行なったスピーチで、彼は自身の研究エピソードを語り、他の若者にもアイディアを世界に発信するよう促した。

科学に大事なのは年齢ではなくアイディアだ

2016年イギリス、ロンドン、WIRED ネクスト・ジェネレーション

　研究を始めたのは、数年前に骨盤を骨折したときです。（以前は）週に3、4日はスカッシュをしていたので、それができなくなってイライラしましたが、たくさんの空き時間を使って普段はなかなかできないことをするチャンスでもありました。そのひとつが科学研究でした。

　初めての研究プロジェクトはキレーション療法に関するものでした。これは金属中毒の治療に使われるものですが、他の病気の治療に適用できないほど多くの副作用があります。最初のプロジェクトの目的はとてもストレートで、キレート剤が副作用を引き起こす理由を調べました。アルツハイマー病やがんなど他の病気の治療にも使用できる、より優れたキレート剤を研究者たちが開発できるようにするためです。

　次に、アルツハイマー病を研究したいと考えました。アルツハイマー病は世界中で4,700万人以上を蝕み、2010年には6,040億米ドル（約65兆2,600億円）の社会的コストがかかりました。この病気は、進行を止めたり遅らせたりする薬がないことで知られており、生きているうちに診断を受けるのは患者の45%だけです。残りの55%は亡くなってから診断されるか、最後まで診断されないケースです。よりよい治療を行なうには早期の診断が不可欠なのに。

　僕はアルツハイマー病を早期に発見する方法を見つけたいと思いました。そして、アミロイドベータと呼ばれるタンパク質ファミリーを調べました。（具体的には、）アルツハイマー病患者の脳に極めて高濃度で存在するオリゴマーです。オリゴマーはアミロイドベータの最も有毒な形態だとされていますが、症状が現れ始める10年前からすでに脳内に存在しているケースもあるのです。つまり、このタンパク質を標的にすれば、患者に適切な診断と効果的な治療を施すうえでとてもいいスタートが切れます。そして僕は、既存の抗体よりも特異性の高い抗体を作り出すことに成功しました。抗体は、血液脳関門を通るには大きすぎます。これを解決するため、僕は受容体介在性トランスサイトーシスという方法を使っています。これによって、抗体複合体は脳に入れるようになります。

　研究で最もストレスを感じたのは、理論を組み立てたり実際に実験をしたプロセスではなく、研究を始めようとする段階でした。54の研究室にメールを送って、ようやく肯定的な返事をひとつ得られました。それは最初にメールを送ってから3か月後のことでした。でも、それは理解できます。有毒な化学物質や高価な機器を使いたいというメールが15歳から来たら、たいていの人々はとまどいを感じます。しかし、科学に大事なのは年齢ではなく、アイディアを持っていることだと思います。アイディアがある限り、取り組めるものがあります。10歳から19歳までの10代は世界に12億人いて、つまり、世界を変えうるアイディアに満ちた頭脳が12億あるのです。たくさんのアイディアが、そのまま、アイディアのまま終わります。たいてい僕らはそれを実現するために何もしないからです。しかし、多くのものがつながって依存し合っているこの世界では、設備や手段がないからという言い訳はもはやできません。そうした資源は自ら手に入れなければならないのです。

A lot of ideas remain just that – ideas – because most of the time we don't do anything to pursue them.

たくさんのアイディアが、そのまま、
アイディアのまま終わります。
たいてい僕らはそれを実現するために
何もしないからです。

クルティン・ニティヤナンダム
16歳

Ishita Katyal

イシタ・カティヤル
青少年の活動を支援する活動家

今を生きることで、よりよい未来を創る

2016年インド、アーメダバード、
マインド・ミングル・フェスティバル

インドのプネー出身のイシタ・カティヤルは、年齢が夢の実現を妨げる要因になってはならないと考える。イシタは、大人の聴衆に対して、「大人になったら何になりたい?」と子どもに尋ねるのをやめ、子どもたちに今何ができるかを尋ねてその夢をサポートしてほしいと訴える。

8歳のときイシタは、同じく8歳の少女を主人公に、その子が経験する幸せ、悲しみ、面白い瞬間を描いた児童書『Simran's Diary[シムランの日記]』を執筆した。10歳のときには、インドのビルワラで開催されたTEDxイベントで「大人になるまで待つ必要がない理由」と題したスピーチをした。また、自身が通う学校でもTEDxを主催し、アジア最年少のTEDxユース主催者となっている。イシタは優れた演説家として、ニューヨークシティで開かれたTEDxユース、各地で行なわれるTEDx、インドのアーメダバードで開かれた「マインド・ミングル・フェスティバル」などの教育関連イベントでスピーチをしてきた。

イシタは学生たちに対し、自分の可能性を最大限に発揮できるよう、今を生きてほしいと呼びかけた。教育者には、未来ばかりを見るのではなく、学生が今できることの可能性に目を向けてほしいと主張した。

(幸せな生活やキャリアのために多くのことを)していると、私たちはときどき「今」を忘れます。今この瞬間を忘れてしまうのです。このことを考えると、私はダライ・ラマのインタビューを思い出します。インタビュアーはダライ・ラマに、「この宇宙で最も奇妙で、不可思議で、おかしなものは何、あるいは誰だと思いますか?」と尋ねました。ダライ・ラマは「人間です」と答えました。インタビュアーは圧倒された様子で、「なぜ? とのような理由で?」と訊きました。それに対するダライ・ラマの説明はこうでした。人はお金を稼ぐために自分の健康を犠牲にし、そして健康を取り戻すためにお金を犠牲にし、未来を心配して気をもむあまり、今を楽しんでいない。その結果、人は現在も未来も生きていない。人はまるで永遠に死が訪れないかのように生き、ほとんど生を全うすることなく死んでいく。

私はまだ子どもで、あらゆる物事の解決策を知っているわけではありません。しかし、みなさんに気づいてほしいのです、自分も私と同じように知らないのだと。皆さんを怒らせるつもりはなく、私たちの今の行動によって形作られている未来は、私にとってあまりいいものに見えないということをわかってほしいのです。次にみなさんが私のような子どもと話すとき、大人になったら何になりたいかではなく、今何になりたいかを訊いてください。教育者は学生や子どもの生活の中でとても大きな役割を果たしていると思います。教育の目的は、キャリアの形成ではなく心の形成です。教育者が子どもたちみんなに「今、何になりたい?」と訊けば、世界は変わるかもしれません。「大人になったら何になりたい?」という質問には根本的な問題があります。子どもたちが今できることを減らしてしまうのです。その子にとって今やりたいことを未来まで待つように促してしまいます。そんな必要があるのでしょうか? 私たちは自分に正直に生きるべきなのです。

Hadiqa Bashir

ハディカ・バシール
児童婚に反対する活動家

パキスタンの活動家ハディカ・バシールは、自分の住む地域、そして世界中で、児童婚の悪影響に対する認識を高めてきた。ハディカ自身、11歳のときに結婚するよう祖母から圧力をかけられたが、理解あるおじで人権活動家のエルファーン・フセイン・ババクの助けを得てどうにか逃れることができた。祖母は激怒し、ハディカはそれから数か月間祖母と疎遠になったが、それでハディカが次の行動を思いとどまることはなかった——二度と女の子にそのような経験をさせないための活動だ。

ハディカは地域の家庭を一軒一軒訪れ、娘を嫁がせる前に一度立ち止まって考えてほしいと話した。14歳のとき、ハディカはおじの助けを借りてガールズ・ユナイテッド・フォー・ヒューマンライツという組織を立ち上げた。この組織は、多くの女の子が早すぎる結婚で未来を失うことのないように、教育機会を与えるべく支援を提供している。ハディカにとってこれは難しい活動だ。子どもの結婚は許されるべきで、むしろ望まれることだとする家父長制の考

えが根深い社会と闘わなければならないのだから。ハディカの地域には、児童婚はイスラム教の信仰においても認められているとしてコーランを解釈する人もいる。ハディカはそれに反論し、コーランには女性を本人の意志に反して結婚させることを禁じている箇所があると指摘する。家父長制や人々の宗教的解釈に異議を唱えれば、強い緊張と激しい議論を生むことは避けられない。ただ、隣人たちの心を変えるのは難しくても、ハディカは世界中の支持者から称賛と激励を受けてきた。2015年、ハディカは史上最年少でモハメド・アリ人道賞を受賞した。

2016年のスピーチでハディカはこう語った。「私にとって最大の賞は、真の変化が起こり、私と同じ年齢の女の子みんなが結婚を強いられることなく学校に通うことです。あなたが他の人たちに与える影響は、何よりも価値のある通貨です。自分を信じてください。強い信念があれば、ひとりの人間でも真の変化をもたらすことができるのです」

早すぎる強制的な結婚

2016年アメリカ合衆国、フロリダ州レイク・ブエナ・ヴィスタ、
ナショナル・ユース・イベント

私の住む地域では昔から、小さな女の子は人形で遊んだり人形を結婚させてささやかなお祝いをしたりします。7歳のとき、友達のひとりが、もうすぐ結婚するんだと言いました。私と他の友人たちはみんな、おしゃれな格好でお祝いをすることを考えて大興奮でした。私たちはまだ幼すぎて、何が起こっているのか理解できなかったのです。私たちにとっては、人形の結婚式が現実になったようなものでした。

ある日、学校でその子のためのパーティーが開かれました。しかし、パーティーに現れたその子は真っ青な顔で落ち込んだ様子でした。その子の腕に傷が見えたので、私たちは何があったのかと訊きました。その子は泣き出し、夫に鉄線で叩かれたのだと言いました。私たちはショックを受けました。その子はたったの8歳でした。

それから何か月もその子の表情が忘れられませんでした。そして、11歳になると私にも結婚の申し込みが来ました。祖母は父に承諾するよう言いました。父も満足しているようでした。私は泣き出しました。いつも私が教育を受けられるようにサポートしてくれていた父が、私をこんな年齢で嫁がせようとしているなんて信じられませんでした。私はおじに助けを求め、すべてを話しました。おじは児童婚に関する法律について教えてくれました。私は大胆にも、父と祖母に対し、児童婚をめぐって法廷で争うつもりだと言いました。おじは私を支え、児童婚は犯罪だと家族に言ってくれました。そのとき初めて、私の家族は自分たちのしていることが

間違いだと気づいたのです。勇気を出したあの一歩が、私の人生を変えました。

私は自分の教育について考えました。奴隷のように生き、動物のように殴られるのは絶対に嫌でした。それまでの経験から、いつか死の床に就いたときにベッドの周りに見えるのは、私が抱いていたアイディア、夢、授けられた能力の亡霊だろうと思いました。何らかの理由でそうしたアイディアを活かせず、夢を追えず、自分のリーダーシップを発揮できず、意見を言えなければ、それらは最後に私のベッドを囲んで立つのでしょう。怒りに目を見開いて、「あなたに与えられた私たちに命を吹き込むのは、あなただけだったのに。今、こうやってあなたと一緒に死ななければならないの?」と言うのです。こんな質問に苦しめられるつもりはまったくありませんでした。

私は、自分が果たせる役割は何か、何ができるのか、若い女の子たちのためにこの社会を変えるには何をすべきか、と自問しました。私は自分を信じ、この残酷な慣習に対する認識を広めるために闘うことを決心しました。早すぎる強制結婚に対する地域の認識を高めるため、多面的な戦略をとりました。家を一軒一軒訪ねて、女の子たちの母親、父親、おじ、おば、祖父母に、早期の強制結婚が女の子の生殖機能と心の健康に影響を与え、貧困と教育機会の喪失につながることを話しました。今は、政治家たちと会って、議会の場で女の子のためになる法律の制定について話してもらうよう説得しています。

That one bold step
changed my whole life.

勇気を出したあの一歩が、
私の人生を変えました。

ハディカ・バシール
14歳

Schuyler Bailar

スカイラー・ベイラー
トランスジェンダー人権活動家・水泳選手

僕の旅路

2017 年イギリス、ロンドン、エコノミスト紙主催
ボイス・フロム・ザ・フロントラインズ

スカイラー・ベイラーはハーバード大学の競泳選手だ。女性として生まれたスカイラーは、「天才赤ちゃんスイマー」として育ち、歩き方と同時に泳ぎ方を学び、4歳から競泳を始めた。

小学校と中学校では女の子らしくないことでいじめを受けたため、高校では周りになじもうと努めた。それだけでなく学業では優秀な成績を収め、さらに水泳で国内新記録を出したことでハーバード大学の女子チームのコーチの目にとまり、チームに所属することになった。

ただ、表向きは成功していても、スカイラーは精神疾患と自傷行為に苦しみ、高校卒業後はすぐに進学せず治療を受けることにした。彼がトランスジェンダーであることをカミングアウトしたのはこのときで、ハーバードの女子競泳チームのコーチにも打ち明けた。エコノミスト紙主催のイベントで行なったスピーチで、スカイラーは男性として生きると決めた後に男子競泳チームに入るかどうか考えた経緯を話した。そして、自身のストーリーを語り、好きなスポーツで成功するために自分のアイデンティティを犠牲にする必要はないのだと若者たちに伝えた。

（ハーバード大学）女子チームのコーチは、彼女のオフィスに座る僕に、（男子チームと女子チームの）どちらに所属するかはあなたが決めていい、と言いました。僕の目からは涙があふれました。ほっとしたからでも、うれしかったからでも、ワクワクしていたからでもありません。怖かったのです。ついにそのふたつの選択肢から自分が選ばなければならないのですから。ハーバード大学の記録を破り、全国大会に出場し、もしかしたらオリンピック選手大会にも、という目標のために、女性としてずっと、生まれてからずっとがんばってきたのですから。一方、男性アスリートとして一からスタートしてまったく新しい目標のためにがんばるという幸せもありえます。コーチはこう言いました。「スカイラー、あなたは今、崖っぷちに立っているの。でも、もしあなたは知らなくても、安全器具はちゃんとついている。あとはジャンプすればいいだけ。そのリスクは冒さないといけない」。僕はコーチに「ジャンプしようと思います」とメールしました。そして、跳んだのです。

初めて男性として大会に出て、レースの開始前に立ったまま国歌を聞いたときのことを覚えています。手を胸に当てると、手の両側に水着の肩紐がないことに気づきました。以前は女性用水着の肩紐に指を1本添えていましたが、そのときの僕はスピードの海パンを穿いているだけでした。その瞬間、もう何もかも違うのだと気づきました。生まれて初めて、本当の自分として泳ぐのです。何にも縛られず、ありのままの僕として。最高の感覚でした。

だからこそ、僕は自分のストーリーを共有したいと強く思うのです。幼い頃の僕には、憧れのLGBTQのロールモデルやアスリートがいなかったので、「僕も僕でいいんだ」と思うことができませんでした。だから僕は、自分のストーリーを——スカイラーとしてではなく、ひとりのトランスジェンダーのアスリートとして——世の中に伝えます。ありのままの自分で、自分が愛することをしてもいいのだと、人々に知ってほしいから。

Troye Sivan

トロイ・シヴァン

シンガーソングライター・俳優・LGBTQ+ 人権活動家

南アフリカで生まれオーストラリアで育った ポップシンガーソングライターで俳優のトロイ・シヴァンは、数多くのヒット曲で国際的に 知られている。シングル曲「Youth」は全米音楽チャートの代名詞と言えるビルボード・ホット 100 で 23 位にまでのぼり、2018 年発売の アルバム『Bloom』はビルボード 200 で 4 位 にランクインした。精力的な音楽活動に加え、 トロイは「ウルヴァリン :X-MEN ZERO」や「ある少年の告白」などの映画にも出演している。

2013 年、当時 18 歳のトロイは、YouTube に投稿した動画ブログで数百万人のファンに向けて自分が同性愛者であることをカミングアウトした。それ以来、彼は同性愛に対する世間の 認知の重要性をたびたび訴え、キッチナー・ポスト紙のインタビューでは次のように語った。 「自分がゲイなので、テレビやミュージックビデオで LGBTQ の人たちを何度か見たときのことはとても鮮明に覚えています。変化を起こす チャンスはあるはずだ、と思いました」。人々の中に潜在する同性愛嫌悪に立ち向かうと公言するトロイは、LGBTQ の若者にホームレスが 多いことを世間に周知し(アメリカではホームレスの若者の 40% が LGBTQ だとされている)、HIV とエイズをめぐる誤った認識を正し、 自身のミュージックビデオを通して LGBTQ の 表現を推進している。

その活動に数多くの称賛を得ているトロイだ が、権力や特権は複雑な性質を持つものであっ て、本当は自分よりも注目されるべき人々がいると考え、自身の名声を活かしてその意見を発信している。「アナザー・マン」誌のインタビューではこう語った。「僕はオーストラリアに住む 中流階級の白人一家出身で、22 歳までにあら ゆる夢が叶いました。僕のカミングアウトは世界で一番簡単でした。いち早く世の中に声を届 けるべき人は他にもたくさんいます」。メディ アモニタリングを通して LGBTQ の人々の権利 を守るアメリカの非営利団体 GLAAD からステファン・F・コルザック賞を受け取ったとき、 トロイはその場を利用して、自分よりも前から 活動してきた数多くの人々の名前とその活動内 容を世に広めた。

Please don't let anyone strip you of your truth and your love, because those are the foundations of who we are as a community.

あなたにとっての真実と愛を、
どうか誰にも奪わせないでください。
真実と愛こそが、コミュニティとしての
僕たちを支えているのですから。

トロイ・シヴァン
21歳

GLAAD ステファン・F・コルザック賞受賞時のスピーチ

2017 年アメリカ合衆国、ロサンゼルス、GLAAD メディア・アワード

1、2 年前、僕は「伝染病との闘い」というドキュメンタリー番組を見ました。内容は、エイズ流行の初期の状況と、アクト・アップやトリートメント・アクション・グループなどの組織による取り組みに関するものでした。番組に登場する人々を見ていると、僕自身や友人たち、仕事仲間や恋人の姿が重なりました。僕たちとの違いは、その番組の人たちは毎週のように友人の葬式に出席していたということだけでした。40 年も昔でないニューヨークシティの状況です。彼らは、治療のため、社会からの認知のため、自分の人生のために闘っていました——命がけで。番組では、エイズによって愛する人を失った子どもたちが、その人の遺灰をつかんでホワイトハウスの芝生に投げていました。彼らのことを知ってほしいという思いをこめて。このドキュメンタリーを観て、心の奥底が揺さぶられました。僕たちが今夜ここにいられるのは、こうした積極的な行動と犠牲が道を拓いてくれたからです。

この賞を受賞できたことはとてもありがたく、幸運だと感じています。しかし、これを実現させる礎を築きながら、自らが賞を得ることはなかった戦士たちがいます。彼らとこの賞を分かち合いたいと思います。まず、「伝染病との闘い」にも登場した活動家であるピーター・ステイリーにこの賞を贈ります。ピーターはアクト・アップの活動において重要な役割を果たした人物であり、トリートメント・アクション・グループの創設者であり、僕にとってのヒーローです。マーシャ・P・ジョンソンとシルヴィア・リヴェラにも贈ります。2 人はストーンウォールの反乱［1969 年 LGBTQ の人々が初めて警察に立ち向かって暴動となった事件］を率い、1970 年代にトランスジェンダーの人権保護団体を設立しました。次に、バイヤード・ラスティン。バイ

ヤードは、自身がゲイであることを公表して公民権運動を主導し、キング牧師とも活動していましたが、同性愛を嫌悪する人たちによって歴史からほとんど消されてしまいました。それから、ギルバート・ベイカー。悲しいことにちょうど昨日亡くなられましたが、僕たちのプライドの象徴であるレインボーフラッグを考案した人物です。そして、世界中にいる、エディ・ウィンザー、ジェイムズ・ボールドウィン、フランク・カムニーなどのさまざまな偉人に続く人たちへ。

時代と共に僕たちのニーズは変わったかもしれませんが、こうした精神は今でも僕たちのコミュニティに息づいています。世界中の HIV クリニックで働くすべてのボランティアたち、世界中の LGBTQ+ ホームレス保護施設で若者を安全な場所に住まわせるべく働いているスタッフたち、ありのままのわが子を心から愛し、サポートしているすべての親たちに宿る精神です。希望の光はまさにそこにあるのです

僕は幸運なことに、自分のショーを通じて、このコミュニティに生きる若者たちの顔を直接見ることができます。聞いてください。僕たちの未来はとても、とても明るいです。あなたにとっての真実と愛を、どうか誰にも奪わせないでください。真実と愛こそが、コミュニティとしての僕たちを支えているのですから。暗がりに引きこもりたくなるときがあっても、どうか、はっきりと声をあげ、他の人たちの手を離さず、自分のアイデンティティに誇りを持ち続け、コミュニティの中で最も弱い立場にある人々のために立ち上がり、心に愛を抱き、その愛を世界と分かち合うことを忘れないでください。なぜなら、その愛こそ僕たちが強く誇るべきもので、決して誰も奪うことのできないものだから。

Gavin Grimm

ガヴィン・グリム
青少年トランスジェンダーの権利を守る活動家

高校入学からしばらくして、自分がトランスジェンダーであることをガヴィン・グリムがカミングアウトすると、両親は愛情とサポートで応え、初めは学校も彼の性自認を尊重していた。しかし、地元の教育委員会が、グリム一家に知らせずに、ガヴィンが学校で男子トイレを使用することを許可するかどうかを話し合う会議を開いたとき、すべてが変わった。一部の委員は、女性として生まれた人はたとえ性自認が違っても女子トイレを使用すべきだと主張し、委員会はその意見に従った。ガヴィンは教育委員会を差別で訴え、最終的にはバージニア州の連邦控訴裁判所に申し立てをした。教育委員会はこの件を不起訴にさせようとしたが、裁判所はガヴィンに勝訴の判決を下し、トイレをめぐる彼の学区の方針は差別的だとした。しかし、その勝利がもたらされたのは 2018 年で、すでにガヴィンは高校を卒業していた。

トイレの使用は、学校でトランスジェンダーの学生に与えられるべき権利をめぐる問題とし

て特に論争の的になっている。具体的には、学生が自分の性自認に応じたトイレを使うことを許可すべきかどうかという点だ。トランスジェンダーの学生であるガヴィンにとって、この問題は単なる政治討論のネタではなかった。バージニア州のグロスター高校に通う自分の心身の健康に影響を及ぼした、とても個人的な経験だった。オバマ政権は、政府から補助金を受けている全国の小中学校に向け、トランスジェンダーの学生の権利を守るためのガイドラインを示したが、2017 年、トランプ政権はそうした保護の撤回を決めた。

これをきっかけに、トランプ政権下で下院議員たちが市民権について話し合う討論会を開いた。ガヴィンはそこに招かれ、自身の経験と、目の前で教育委員会が自分についての議論を繰り広げたことからもたらされた結果、トランスジェンダーの子どもたちを守り続けることの重要性について話した。

「トランプ政権下の市民権——政権開始からの100日間」討論会にて、G.G. 対グロスター教育委員会裁判の原告ガヴィン・グリムによる発言

2017年アメリカ合衆国、ワシントンD.C.

1年生の終わりに、勇気を出して、自分はずっとわかっていたことを両親に話しました。自分はトランスジェンダーで、男の子なのだと言いました。両親は全力の愛とサポートで応えてくれました。

2年生になるときには、すでに男性としての生活を始め、ついに本当の自分として生きていました。校長は、自由に男子トイレを使っていいと言いました。残念ながら、それで安心すべきではありませんでした。それから7週間後、教育委員会は、僕にも家族にも通知することなく会議を開きました。僕の性器とトイレの使用法についての話し合いです。母と僕が偶然その会議のことを知ったとき、会議の予定時刻までもう24時間を切っていました。

僕はその会議に行き、どうして僕にとって——男子として——他の男子と同じように生活し、学校で男子トイレを使えることが重要なのかを話しました。家族と、親しい友人数人が味方してくれましたが、その後の展開は心構えができるようなものではありませんでした。僕に反対する人たちは、僕について言及するとき、女性に対する敬称や代名詞を使うようにしていました。きっとレイプされるか、そうでなくてもひどい嫌がらせを受けるだろうと僕に言いました。1か月後に開かれた二度目の会議はさらに大ごとになりました。地域全体に噂が広まり、大勢の人が参加しました。熱のこもった発言が終わるたび、拍手と不満の声が部屋に響き渡りました。僕が座っている目の前で、教育委員会は、僕には改造した掃除用具入れや保健室のトイレを使わせておけばいいと投票で決めました。

教育委員会は、考えうるかぎり最も屈辱的な形で僕の存在を否定したと言えます。しかし、それから2年経った今の僕はこれまでにないほど強く、自分に誇りを持っています。この問題が僕の卒業までに解決されることはないでしょう。でも、これは僕だけの闘いではありません。うちの高校にいる他のトランスジェンダーの子たちのための闘いであり、すべてのトランスジェンダーの学生と、やがて学生になる子たちのためなのです。そして、トランスジェンダーの子を友人や家族に持ち、その子に健康で幸せになってほしいと願い、多くのトランスジェンダーの人々と同じように危険にさらされてほしくないと願う人たちのためです。

だからこそ、トランスジェンダーの学生の市民権に関して全国の学校に示された、とても重要なガイドラインを今年にトランプ政権が撤回したとき、僕はとても失望しました。このガイドラインが撤回された夜、僕は数百人の人たちと一緒にホワイトハウスの外に立って政権のこの行動に抗議しました。その間は怒りと悲しみを感じながら、それでも、トランスジェンダーの学生に対して惜しみなく注がれる支援に刺激を受けました。「トランスジェンダーの子どもたちを守れ」、「私はトランスジェンダーの学生の味方だ」などと書かれたプラカードがあちこちで掲げられていました。

行動は言葉よりも雄弁です。そして、あの夜のメッセージは明確でした——僕や他のトランスジェンダーの学生たちの前にどんな障がいが待ち受けていても、どんな憎しみ、疎外、差別を受けても、味方してくれる人たちの愛があるから大丈夫なのだと。

... regardless of what hatred or ignorance or discrimination we face, we will be fine because we have love on our side.

どんな憎しみ、疎外、差別を受けても、
味方してくれる人たちの愛があるから大丈夫です。

ガヴィン・グリム
17歳

Tiera Fletcher (née Guinn)

ティエラ・フレッチャー（旧姓グイン）
ロケット設計・分析エンジニア

　ティエラ・フレッチャーは、火星に人間を送ることを目的とした NASA の宇宙ロケット計画でエンジン開発に取り組んでいる。22 歳のとき、ティエラはスタジアムを埋め尽くす若者を前に語った。丸 1 日かけて行なわれたそのイベント、WE Day の目的は、若者にボランティア活動への参加を呼びかけることだった。「これは史上最大のロケットです」とティエラは言った。そのロケットは、重さ 18 万 8,000 ポンド（約 85,275kg）、高さ 322 フィート（約 98m）になる予定だ。

　ティエラは 6 歳の頃からすでに数字やものを作ることを愛し、レゴ、積み木、工作用紙、鉛筆、色鉛筆、クレヨンなどを使って、自分の夢を絵やもので表現していた。それから数年後に航空宇宙工学への情熱が芽生えた。11 歳のときにティエラは小学校のプログラムに参加し、そこで工学のさまざまな側面を体験した。そうしてやがて、航空宇宙学に「恋をした」という。マサチューセッツ工科大学（MIT）を卒業後、ボーイング社にてフルタイムで働き始め、同じ航空宇宙エンジニアのマイロン・フレッチャーと出会い結婚した。ふたりは「ロケット・ウィズ・ザ・フレッチャーズ」というタイトルのもと、研究、科学、工学に関するコンテンツをネット上に投稿することで、マイノリティのエンジニアの存在感を高め、次世代のイノベーターのロールモデルとなっている。

　数少ないアフリカ系アメリカ人女性の航空宇宙エンジニアとして、ティエラは他の人たちにも光を当てることに情熱を注ぐ。WE Day のステージで彼女は、現状を変え、さまざまな専門職において女性を増やすための方法を考えてみてほしいと聴衆に呼びかけた。ティエラは、高い学業成績とマイノリティ学生の生活向上への取り組みに対して MIT からアルバート・G・ヒル賞を受け取り、2019 年にはブラック・エンジニア・オブ・ザ・イヤー賞の「最も有望なエンジニア」に選ばれるなど、数々の賞を受賞している。

Getting to Boeing and NASA was not easy. No dream ever is. You always have to fight to achieve them. It requires focus and determination.

ボーイングに入ることも NASA に入ることも、
たやすくはありませんでした。
たやすい夢などないのです。
夢を叶えるためには闘わなければなりません。
心を決めて、
前を見据えなければなりません。

ティエラ・フレッチャー
22歳

NASA の 22 歳ロケットエンジニア

2017 年アメリカ合衆国、ワシントン州シアトル、WE Day

見てのとおり、私は有色人種の若い女性です。航空宇宙の分野では、これまでに大きな進歩があったとはいえ、いまだ私はマイノリティの要素を 3 つも持っています。フェミニズムをめぐる現状は危険な流れにあります。もう平等は「達成された」のだから、これ以上のフェミニズム推進は必要ない、という考えです。この流れは止めなければなりません。これまでに勇敢な女性たちが社会に大きな影響を与えてきましたが、もう目標に到着したと考えるのは危険です。足を休めた瞬間、進歩は止まって後退が始まるのです。さまざまな職業における女性の存在感と地位は向上していますが、男女格差はいまだ消えておらず、科学界で私たち女性の数はいまだ男性に届きません。しかし、私たちにはそれを変える力があります、そうですよね?

6 歳のとき、私は数学者になりたいと思っていました。スーパーに行くたび、母が切り抜いた割引券を渡してくれて、レジに着くまでに税込みの合計額を正確に計算することにしていました。その後、発明家、科学者、建築家にも憧れましたが、やがて飛行機やロケットを設計したいと思うようになりました。学校でさまざまなサマープログラムや放課後活動に参加する中で数学と科学への愛はさらに膨らみ、少しずつ目標に近づいていきました。一生懸命努力し、勉強し、今は MIT で航空宇宙工学の学位取得に向けて学んでいます。

ボーイングに入ることも NASA に入ることも、たやすくはありませんでした。たやすい夢などないのです。夢を叶えるためには闘わなければなりません。心を決めて、前を見据えなければなりません。でも、女性はパワフルで、誰もそれを否定はできません。格差を埋めるための闘いは、数字だけの問題ではなく、小さなサクセスストーリーの積み重ねなのです。スーパーで算数を楽しんでいる幼い女の子や、人類を火星に送るロケットの完成を楽しみにし続けているエンジニアの卵などのストーリーです。世界を変える力は誰にでもあります。それが人類による火星への壮大な旅に向けた準備でも、自分の心が惹きつけられる目標について世間の認識を高めるだけでもいいのです。だから、あなたの周りの女の子や若い女性に夢を実現するための力を与え、好奇心を持とうと人々に促し、物事に驚嘆する感覚を広め、他の人の目標をサポートしてあげてください。そして何より、自分を信じてください。

Melati and Isabel Wijsen

メラティ・ワイゼン、イザベル・ワイゼン
環境活動家

インドネシア出身の姉妹であるメラティ・ワイゼンとイザベル・ワイゼンの使命は、故郷のバリ島からビニール袋をなくし、人類にとってなくてはならない海を守ることだ。それぞれ16歳と14歳のとき、メラティとイザベルは国連の世界海洋デーでスピーチをした。

冷たいドリンクに添えられるストローから、サラダなどを入れるテイクアウト用容器まで、私たちが毎日使っているプラスチックは安くて便利で使い捨てができる。しかし同時に、プラスチックはこの地球をゆっくりと蝕んでいる。2019年8月、コロラド州のロッキー山脈で研究をしていた科学者たちは、空から降る雨の中にプラスチック繊維を発見した。また、NGO団体のオーシャン・コンサーヴァンシーによると、年間800万メートルトンのプラスチックが海に流出しているという。すでに推定1億5,000万メートルトンのプラスチックが世界中の海を循環している中に、毎年その量が追加されるのだ。

12歳と10歳のときに学校の授業で歴史上の重要人物について学んだことをきっかけに、メラティとイザベルはバイバイ・プラスチック・バッグスという組織を立ち上げ、人間の行動がもたらす結果を世の中に示すべく活動している。ふたりは世界中の会場でメッセージを発信し、島で育ったからこそ感じる海への愛情を語りながら、今こそ行動すべきときだと聴衆に呼びかける。

メラティとイザベルの活動によって世間の意識が高まったことで、バリ州政府に対して島で急増するゴミの問題に対処すべきだという圧力が強くなった。2018年12月24日、バリ州のイ・ワヤン・コステル知事は、ストローから買い物袋に至るまで、使い捨てプラスチック製品の使用禁止を発表した。プラスチック業界はこの禁止に対して法廷で争おうとしたが、訴えはインドネシア最高裁判所によって退けられた。この勝利は、国の他の地域で同様の禁止を求めている環境活動家たちにとって重要な一歩だった。

バリ島から海を越えた場所でも、影響力のある人々がワイゼン姉妹の活動に注目している。「フォーブス」誌、「タイム」誌、CNNなどのメディアは姉妹を世界で最も影響力のあるティーンエイジャーたちのリストに挙げ、ふたりはTED、国際通貨基金・世界銀行年次総会、国連会議などでスピーチをしてきた。

... we stand here today because we do not have the luxury to wait until someone else takes action or until we become the leaders.

私たちが今日ここに立っているのは、
他の誰かが行動を起こすか、
自分がリーダーの立場に就くのを
のんびりと待ってはいられないからです。

メラティ・ワイゼン
16歳

2017年世界海洋デーでのスピーチ

2017年アメリカ合衆国、ニューヨークシティ、国連本部、世界海洋デー 2017

メラティ・ワイゼン（以下 MW）：私が覚えている限り、海はずっと私たちの生活の一部です。生活の中にはいつも海がありました。海は、私たちが吸う酸素の 70% を生み出しているだけでなく、いまだ主な食料源を海に頼る 35 億人以上の人々を支えています。また、地球上の生命の 80% 以上は海に生息しています。こんなふうに自分に問いかけてみてもいいのではないでしょうか——なぜ私たちは、いまだに海に対してひどい扱いをしているのだろうか？

イザベル・ワイゼン（以下 IW）：たぶん、それが楽だから——あるいは、他にどうすればいいかわからなかったからかもしれません。でも今日、私たちには何をすべきかがわかります。

MW：まず、ビニール袋に対してノーと言うことが最初の一歩です。次に、ゴミの管理です。そうすれば海はきれいになります。とても単純で、こんなふうに考える私たちは世間知らずの子どもなのかもしれませんが、人々があたかも複雑であるかのように見せているこの問題は、決してそれほど複雑ではありません。これは難しい理屈が絡むものではなく、必要なのは考え方の変化です。一度にビニール袋ひとつ分、考え方を変えていけばいいのです。

IW：私たちがバイバイ・プラスチック・バッグスを立ち上げたときには、計画も、裏の意図も、私欲も何もありませんでした。自分たちが何に立ち向かっているのかすらわかっていなかったと思います。ただ純粋に、バリ島の人たちにビニール袋に対してノーと言ってほしかったのです。私たちはもう 5 年近く活動を行ない、さまざまな立場の人たちに働きかけてきました。12 か国の、8 種類の言語を話す学生たちにも話をしてきました。

MW：そして、今日ここに立つ目的は、若者はインスピレーション以上のものになれるのだと示すことです。私たち若者を、あなたたちが決定を下す原動力にしてください。私たちの声から刺激を受けて、私たちが生きていきたいと思う世界の実現に取り組んでください。私たちが今日ここに立っているのは、他の誰かが行動を起こすか、自分がリーダーの立場に就くのをのんびりと待ってはいられないからです。今ここにいる私たちの準備はできています。まさに今が変化のときなのです。

Xiuhtezcatl Martinez

シューテスカット・マルティネス

環境活動家・ミュージシャン

アメリカ先住民で気候活動家のシューテスカット・マルティネスは、NGO団体アース・ガーディアンズのユース・ディレクターとして環境保護を訴えている。国連気候サミットなどで演説を行なってきたシューテスカットが初めて公の場でスピーチをしたのは6歳のときだ。その舞台は地球温暖化をテーマにした全国イベントで、シューテスカットはアメリカ先住民の伝統的な祈りを取り入れた2分間のスピーチをした。それ以来彼の演説は、アメリカの先住民コミュニティを脅かしている問題など、環境破壊と社会制度による抑圧が重なり合う問題に対して人々の注目を集めてきた。

出身地のコロラド州では、アワー・チルドレンズ・トラストという団体に所属する他の若者たちと協力し、地球温暖化に対して断固たる行動をとってこなかった州および国の政府機関を相手に訴訟を起こした。シューテスカットは主原告として、エネルギー会社がフラッキング（水圧破砕法。液体を高圧で地面に注入することによって石油やガスを抽出する方法）による資源採掘を行なうことを承認したコロラド州石油・ガス保全委員会を相手に法的異議申し立てをした。彼はまた、気候正義［気候変動の加害者と被害者との間にある不公平を是正すること］のためには業界の枠を超えた協力が必要だと広く呼びかけている。

シューテスカットの才能は社会運動や演説にとどまらない。彼は環境保全に関する意識向上を音楽と融合させるヒップホップアーティストでもある。アスペン・アイディア・フェスティバルで行なったスピーチでは、従来的な社会運動や地域の課題解決に取り組む以外の方法でも世界は変えられると若者たちに伝えた。自分の内面に目を向け、自分にとっての喜びと情熱を見つけることが世界を変えていく第一歩になることもある――シューテスカットにとって、それが音楽という芸術だったのである。

What do I love in this world, how can I engage [with] that to make a difference?

この世界で、自分が愛していること。
そこからどうやって変化を起こしていけるだろう？

シューテスカット・マルティネス
17歳

僕らには世界を形作る力がある

2017 年アメリカ合衆国、コロラド州、アスペン・アイディア・フェスティバル

　僕は 17 歳の気候活動家として、同世代の声を世の中に届ける立場の人間として、気候正義の運動にずっと関わってきました。多くの人は、世界を変える力を持つのは他の人たちだから、その人たちが自分の代わりに行動することを期待して待っていよう、という間違った考え方をしがちです。しかし僕は、これからの世界に最も大きな変化を起こすのは若者たちだと強く信じています。これから世界中のもっと多くの若者が立ち上がりリーダーシップをとっていく姿を見られると思うと、とてもワクワクします。

　僕は、気候活動の最前線で人々の声を代弁する立場にあると共に、アーティストでもあります。僕はヒップホップアーティストで、ラッパーです。僕の考えでは、温暖化のような問題について話し合うときは、環境についてだけ話していてもダメだと気づくことがとても大切です。人種間の不公平から経済的な不公平まで、さまざまな問題が絡み合っているのですから。温暖化によって最も大きな被害に遭っているのは貧しい女性や有色人種の子どもたちなのだと理解し、環境危機のあおりを最前線で受ける先住民コミュニティに目を向ける必要があります。こ

の問題はさまざまな面を持ちます。過去数年の環境活動の状況を見る限り、もっとエキサイティングな活動ができるはずです。さまざまな面からこの問題について話し合い、取り組んでいくことがとても重要だと思います。

　自分の立場を活かして声をあげているアーティストたちがいます。たとえば、ローリン・ヒルやコモン。コモンは人種間の公平をめぐって本当にすばらしい活動をしていて、彼自身が仕事で成功を収められたのも、自分の仲間やコミュニティに対する人種差別を乗り越えてからのことだったといいます。（彼がこの話をしたのは、）レッド・ロックス（コロラドにある会場）で 1 万人の観客を前にしたときです。彼は音楽を通して人々を刺激し、変化を生み出しています。「どうすれば社会活動家や地域のリーダーとして成功できるのか」と考えるより、自分の内面に目を向けて、こう問いかけてみることもできるのです。「自分が得意なものは何だろう？　自分が情熱を注いでいるものは？　この世界で、自分が愛していること。そこからどうやって変化を起こしていけるだろう？」。だから、僕は音楽を届けていきます。

Elijah Walters-Othman

イライジャ・ウォルターズ＝オスマン
教育および職業訓練機会の平等を訴える活動家

17歳のとき、イライジャ・ウォルターズ＝オスマンはイギリスの政治に対して強い不満を抱いた。そのときのイギリスは国民投票によってEU離脱を決定したばかりで、イライジャは、若者、特に恵まれない環境にある若者が政治に十分に関与していないことを不安に思った。なぜ若者たちは政治に参加しないのかとインタビューで尋ねられた彼は、懸念をこう語った。「若者は権力者層を身近に感じられていません。着る服から、学校外の教育、その他さまざまな恩恵まで、自分たちとはまるで遠い存在なのです。多くの労働者階級の若者は権力のある人たちに共感できず、彼らとはとても大きな距離があります——僕たちマンチェスターに住む若者にとっては、地理的にも。私立学校に通えば、将来、君は社会のリーダーになるのだと幼い頃から言われます。公立学校に通う僕たちにそのような高い期待はかけられません。放任されるだけです」

2017年、イライジャはより多くの若者を政治運動に呼び込むべく、慈善団体リクレイムの中の1部門として青少年活動グループ「チーム・フューチャー」を仲間と共同で立ち上げた。同年、まだ17歳の彼は、英国青少年議会（毎年民主的な選挙を通して新しいメンバーを選出する青少年組織）のメンバーに選ばれた。彼はマンチェスターの若者を代表するという使命をただちに引き受け、住んでいる場所に関係なくすべての人々に平等な機会を与えることの重要性について演説をした。

イライジャがこの演説をしたとき、青少年議会は11歳から18歳までの若者を対象としたオンラインの「就労体験ハブ」を立ち上げる計画について話し合いを進めていた。若者がのちに就職活動をするときに魅力的な応募者になれるよう、社会経験と充実した教育を与える場だ。裕福な若者と貧しい若者、都市部と農村部の間に存在する格差をなくす助けになることを目指した構想である。イライジャは演説で、平等を呼びかけると共に、人々の夢が持つ力と、社会の後ろ向きなメッセージに抗うことの大切さを語った。

行動が夢を現実にする

2017 年イギリス、ロンドン、議会下院、英国青少年議会討論

夢と現実の違いは、行動するかどうかです。若さとは、夢に向かう情熱、目標を目指して突き進むという決意、たびたび「君にはできない」と言われるこの社会で試練を乗り越えていくためのたゆまぬ努力の上に成り立っていると思います。

一般的な就労体験ハブの目的は、教育と仕事の世界との間のギャップを埋めることです。しかし実際には、その目的はもはや形骸化していて、若者に間違った機会ばかりを与え、夢を諦めさせ、定められた人生にだけ目を向けて生きろと伝える手段になっていると言ったら、どう思いますか？ 雇用者の 65% が求職の際には就労経験がとても重要だと考える一方、その経験を与えようとする雇用者が 38% しかいない現状では、何かを変えるべきなのは確かではないでしょうか。

2012 年、若者たちは、通っている学校を理由に、君たちに対して就労体験を提供する義務はないと告げられました。こんな制度がある限り、機会の不平等はいつまでもなくなりません。僕たちはもう、住んでいる場所、両親の収入、そして、これまでの多くの世代を裏切ってきた教育制度によって定められる社会で生きていく必要はありません。今僕たちが行動を起こせば、このサイクルを断ち切ることができるのです。

出身地のマンチェスターでは、周りの友人たちと共に、大人になったら医者や弁護士になれるかもしれないと夢見たのを覚えています。宇宙飛行士になれると信じていた子もいました。

僕は以前、住んでいる場所が人の可能性を決めることなど決してあってはならないと言われました。その言葉を胸に、今日こうしてみなさんの前に立っています。モス・サイドの路上を歩く若者にも、名門のイートン校に通う若者とまったく同じ機会を与えられるべきだと僕は信じています。ルイシャムの高層ビル街出身の若者も、ウェストミンスター出身の若者もまったく同じ機会を与えられるべきだと信じています。そして、この国の農村地域で取り残されている若者も、ハーロウ校に通う若者とまったく同じ機会を与えられるべきだと信じています。

この国の若者たちのための就労体験ハブ立ち上げに投票した若者として、僕たちの存在を人々の記憶に刻みましょう。

... the very essence of youth is built upon our passion to dream, our resolve to strive and an everlasting effort to overcome our trials, in a society that often tells us, 'No, you can't.'

若さとは、夢に向かう情熱、
目標を目指して突き進むという決意、
たびたび「君にはできない」と言われるこの社会で
試練を乗り越えていくための
たゆまぬ努力の上に成り立っているのです。

イライジャ・ウォルターズ＝オスマン
17歳

Muzoon Rakan Almellehan

マズーン・ラカン・アルメレハン

子どもの教育機会を求める活動家・ユニセフ親善大使

シリアの紛争は莫大な人的被害をもたらし、2018 年 3 月の時点で推定 51 万 1,000 人が死亡し（シリア人権監視団による発表）、国内避難民の数は 660 万人、国外の各地に避難した難民の数は 560 万人にのぼる（国連難民高等弁務官事務所による発表）。それでも、世界中の人々がテレビニュースに死と破壊の見出しが躍るのを見るようになる前は、シリアの多くの男女や子どもたちはごく普通の生活を送っていた。仕事や学校に通い、自分と家族の未来に希望を抱いていたのだ。

内戦が始まると、教育活動家のマズーン・ラカン・アルメレハンは、9 年生のときに居心地のいい自宅を離れて難民キャンプで未来の見えない日々を送ることになった。「私が持っていったのは教科書だけでした」と彼女は当時を思い返す。

マズーンの一家は 3 年間難民キャンプで暮らし、そのうち 18 か月間はヨルダンのザータリ難民キャンプにいた。その間、マズーンはユニセフ（国連児童基金）と協力し、子どもたちにきちんとした教育機会を与える活動を始めた。同じく教育活動家のマララ・ユスフザイは、ザータリを訪れた際にマズーンの姿を探した。多くの子どもたち、特に女の子が教育を受け続けられるよう活動する彼女のことを耳にしていたからだ。

マズーンがグラマー・アワードの受賞スピーチで述べたように、シリア内戦による最も悲しい影響のひとつは、紛争のために教育が中断されて再開の期待すらできないこともある若者たちの絶望と、彼らの可能性が奪われることだった。多くの若い女の子とその家族が将来への希望を失ったことで、教育はもはや叶わない夢となり、早すぎる結婚につながるケースもあった。何かしなければと決心したマズーンは、難民キャンプの周りで、のちには世界各地の会場で演説を行ない、シリアの女の子たちにも平等な教育機会が与えられるべきだと訴えた。

2015 年後半、マズーン一家はイギリスのニューカッスルに移送され、マズーンときょうだいたちはそこで学校に入学した。

When I raise my voice,
I raise my voice for them.

私が声をあげるとき、
私は彼らのために声をあげています。

マズーン・ラカン・アルメレハン
18歳

グラマー・アワード受賞スピーチ

2017年アメリカ合衆国、ブルックリン、グラマー・ウィメン・オブ・ザ・イヤー

今日、「グラマー・ウィメン・オブ・ザ・イヤー」に選ばれた方々と一緒にここに立てることは、恐れ多くもありとても光栄です。すばらしいリーダーであり活動家であるみなさんは、私たちが抑圧を受けず平和に暮らせる世界を実現するために闘っています。

私たちはみな、正義と平等を求めて闘う原動力として、それぞれのストーリーと理由を持っています。ここで私も自分のストーリーと理由を話したいと思います。

2011年2月、シリア紛争が始まりました。それ以来、美しい母国は破壊され、家族や友人が死に、多くの子どもたちが避難を強いられ、結果として何百万人ものシリアの子どもたちが学校に通えなくなりました。

短い間ですが、私もその子たちのひとりでした。

紛争によってどれほどの希望と可能性が奪われたのかは想像もつきません。2013年2月、紛争はひどく激化しました。私は故郷を去りたくありませんでしたが、生き残るためには去らなければなりませんでした。そして私は、学校、友達、おば、おじ、近所の人たち、自分が知るすべてのものを残してその地を去りました。私が持っていったのは、教科書と友人たちが作ってくれた思い出の本だけでした。ご想像いただけると思いますが、あの瞬間に、いずれ私がこうしてみなさんの前に立って自分のストーリーを伝えることになると誰かに言われていたら、きっと冗談だと思ったでしょう。あのときの私は、自分のストーリーは難民キャンプで終わるのだと思っていました――その後3年間、私は難民キャンプを自宅と呼ぶことになります。

私は教育こそがすべての鍵だと昔から知っていたので、キャンプに到着して最初に目についたのは学校でした。希望が戻ったと感じました。キャンプに着いた初日が一番楽しいだろうと思っていましたが、現実は違いました。とてもたくさんの女の子が結婚を強いられ、学校に行かなくなっていきました。私の中の活動家精神が立ち上がり始めたのはこのときです。私はキャンプ内のテントをひとつひとつ訪ね、若者たちとその両親に教育の大切さについて話し、未来に希望を持つよう説得しました。

あれ以来、私が立てる舞台は大きくなりました。私はユニセフ親善大使ですが、同時に、子どもたちが安心して学べる世界を作るという使命のもとにさまざまなドアをノックしているだけの、ただの若者です。私はいつまでもシリアを胸に抱き続けていきますが、そこでの生活で得たもので手元に残っているのは、友達がくれた思い出の本だけです。ときどきその本を開きますが、自分をとても強く感じられるときだけにしています。本をくれた友人たちがどこにいるのかもわからないのは、あまりに悲しいから――子ども時代を共に過ごし、たくさんの希望と夢を分かち合ったのに。彼らが生きているかどうかはわかりません。生きているとしても、学校に行けたのかどうかはわかりません。

私が声をあげるとき、私は彼らのために声を上げています。彼らと、紛争のせいで学校に行く機会を奪われたすべての子どもたちのために声をあげます。暗闇の中でも、学ぶことがあなたを照らしてくれるのだから。

Josh Lafazan

ジョシュ・ラファザン
議会議員・政治活動家

　ジョシュ・ラファザンには、選挙で投票でき
る年齢になる前から地元の地域社会に貢献して
きた実績がある。2011年、17歳の彼はセーフ・
ライド・シオセットという組織を立ち上げて
CEOとなった。地域貢献型のこの組織の目的
は、地元のティーンエイジャーたちを無料で車
に乗せることで飲酒運転を防ぐというものだ。
18歳のとき、ラファザンは選挙によって地元
の教育委員会のメンバーに選ばれたことで、
ニューヨーク州で最年少の公選職員となった。
彼は地元から離れずに教育委員会での仕事をこ
なすためにコミュニティ・カレッジに短期間
通ったのち、コーネル大学に編入し、その後に
はハーバード教育大学院で修士号を取得した。

　ラファザンが政治に対して情熱を抱くのは、
地元の人々の幸せを脅かす問題をとても深刻に
考えているからだ。とりわけ彼は薬物の乱用に
注目し、「アルコール依存と薬物依存に関する
ロングアイランド評議会（LICADD）」の理事
会および「ナッソー郡ヘロイン予防タスク
フォース」に所属している。

　わずか23歳でラファザンは生まれ故郷であ
るナッソー郡の選挙に勝利し、郡で史上最年少
の議員となった。就任演説では、自分よりいく
つか若いだけの10代のインターンたちを含め、
彼に勝利をもたらした支持者たちに感謝を述べ
たうえで、薬物乱用の治療をもっと受けやすく
することや、政界の汚職撲滅のための政策実施
など、議員として重視する事柄について語った。
現在のラファザンはすでに薬物乱用治療のため
の24時間対応ホットラインを設立する法案を
可決させ、退役軍人のホームレス化防止を目的
とする委員会を立ち上げた。また、自身の経験
を活かして他の若者たちにも力を与えるべく、
若くして公職に立候補することをテーマにロン
グアイランド大学で講義を行なっている。

... bringing people together from all walks of life, from all professional backgrounds, from all political affiliations, to work together towards a common pursuit of good and honest government.

さまざまな人生を歩んできた、
職歴も支持政党も異なる人たちを集め、
善良で正直な政府の実現という
共通の目的に向かって協力する。

ジョシュ・ラファザン
23歳

就任演説

2018年アメリカ合衆国、ニューヨーク州ナッソー郡

　この勝利は、候補者としての僕だけの力では決して手に入らなかったものです。今夜この場にいるみなさんがいたからこそ実現した勝利です。

　選挙を振り返ると、あのレースの場で、僕はチームとしての努力というものを証明したかったのだと思います。僕たちが選挙事務所内で「地獄の1週間」と呼び、公には「独立署名週間」と呼んだ日々のことがよみがえってきます。僕たちには署名活動の経験がなかったので、署名を集めるのにどれほどの時間がかかるのかも、署名をもらうときには公証人が立ち会わなければならないことも知りませんでした。署名収集期間の終了まであと5日となったとき、それまでに集まった署名の数を陣営の中心メンバーたちに尋ねると、答えは17ほどでした。次に、必要な署名数を尋ねました。答えは111でした。これで終わりではありません。それから、当選を確実にするために実際に集めなければならない数を尋ねました。最終的な答えは140でした。

　つまり、選択肢はふたつです。党の選挙方針に背き、十分な署名を得られなかったとして敗北を認めるか、必要な数を得るために最終期限まで闘い続けるか。僕はパニック状態でここにいるみなさんにメールを送り、苦境を詳しく説明し、夏の週末を犠牲にして30度越えの暑さの中で初対面の人たちに署名をお願いしてほしいと頼みました。みなさんは僕の呼びかけに応えてくれました。弁護士、パラリーガル、企業の役員、銀行員など多くの人が次々に集まってくれて、96時間、僕と一緒に猛暑の中を歩いてくれました。そして、すべてを語り尽くし、やり尽くしたとき、得られた署名数は140で

はありませんでした——僕たちは212の署名を委員会に提出しました。これは2017年のナッソー郡選挙で最多記録です。

　あの週はまさに今回の選挙の縮図でした。党派所属の公職に立候補するのはこれが初めてでした。大物の政治関係者や報酬の高いコンサルタントなど、著名な人をスタッフに雇う余裕はありませんでした。僕たちは、めったに出会えないようなすばらしきティーンエイジャーたち、そのご両親、PTAメンバー、リトルリーグのコーチ、ボランティア消防団、退職後の高齢者の方々などでチームを作りました。だからこそ特別なものになったのです。さまざまな人生を歩んできた、職歴も支持政党も異なる人たちを集め、善良で正直な政府の実現という共通の目的に向かって協力する、それがテーマでした。これは本当に美しいことで、これからの2年間も議員として同じことをやっていきたいと願うばかりです。

　僕は、政治的便宜のために決して正しい行動を犠牲にしないと誓います。影響力のある人々だけでなく、すべての住民にとって近い存在であり続けることを誓います。自信を決しておごりに変えず、建設的な批判や他の人たちからの提案に対して常にオープンであることを誓います。若者たちに意見発信の機会だけでなく実際に話し合いの場を提供するため、引き続きしっかりとしたインターンシッププログラムを組織することを誓います。不満を決して諦めに変えず、僕の果てしなく前向きな姿勢を決して失わないことを誓います。そして、いつでも地域の人々を最優先することを誓います。

Zach Latta

ザック・ラッタ

技術者・「ハック・クラブ」創始者

非営利団体の創設者であるザック・ラッタは、コンピュータープログラムのコーディングを学べば人生が変わることもあるのだ、と自らの経験から知っている。子どもの頃、ロサンゼルス郊外の町で育ったザックにとって、なりたいと思える職業は身近にあまりなかった。しかし、自分にはウェブサイトを作れるかもしれない、もしかしたらそのサイトを人々に気に入ってもらえるかもしれないと考えたとき、彼の中に初めて目的意識が芽生えた。高校で人気ゲームアプリを開発した後、ザックは学校を中退してサンフランシスコでフルタイムで働き始め、「Yo」というメッセージアプリの開発を担当する最初のエンジニアとなった。

ザックは 17 歳のとき、賛否両論あるテクノロジー界の大物で PayPal の共同創設者であるピーター・ティールが立ち上げた「ティール・フェローシップ」プログラムのもと、2 年間の奨学金を受け取った。この奨学金は、会社設立など独立した目標を支援するため、（少なくとも貸与期間中は）大学に行かないことを受給の条件にしている。ザックはこの奨学金を利用して「ハック・クラブ」を創設することにした。この非営利団体の目的は、各学校のコーディング・クラブをネットワークでつなぎ、高校生が放課後にコーディングを学ぶグループを自分たちの手で立ち上げるきっかけになることだ。ザックはハック・クラブでの活動を評価され、「フォーブス」誌の「30 アンダー 30」に選ばれた。

20 歳のとき、ザックはサンフランシスコで開かれたアクセラレイト・グッド・グローバル会議で聴衆を前にスピーチをした。このイベントは、非営利の社会貢献活動に関心のあるテクノロジー業界の人々を対象としたものだ。ザックは自らのストーリーを語ったうえで、アメリカの若者が希望を失っていることがあらゆる調査で示されるこの不安な時代に、ハック・クラブがもたらす結果として自分が特に誇りに思っているもののひとつは、信じる気持ちを参加者に与えられることだと述べた。何年も前に、コーディングを通して彼自身が見つけた希望の感覚だ。

未来をハックする

2018年アメリカ合衆国、カリフォルニア州サンフランシスコ、
アクセラレイト・グッド・グローバル会議

（子どもの頃、）大人になったらふたつの職場のうちのどちらかで働けると言われました。石油精製所か、軍事基地です。しかし、僕は理想家のソーシャルワーカーふたりに育てられました。両親が何よりも僕に教えたのは、自分がされて嬉しいことを他の人にしなさい、という行動規範でした。この世界での自分の居場所を探していた僕には、大人になった自分が人を殺す兵器を作ったり環境破壊に加担したりする姿は想像できませんでした。その結果、僕は行き場を見失いました。自分に未来はないと思いました。

ある夜、Google検索をしていた僕に大きな幸運が訪れました。コーディングというものを見つけたのです。それから、ひどくお粗末なウェブサイトをいくつも立ち上げました。しかし、そんなことをしばらく続けながら、コーディングに興味のある友達もいなければ、コードを書いたことのある人にもまったく出会えなかったので、やがて僕は諦めそうになりました。

機会があって、実際に人々から求められているものを作る手伝いをしたとき、すべてが変わりました——「グラール」というゲームです。グラールは人々から愛されていました。グラールを愛するあまり、そのゲームをテーマにくだらないミュージックビデオを作るなど、バカげたことをする人たちもいたくらいです。

この経験がまさに僕の人生を形作りました。コーディングを学びながら、自分というものを学びました。自分にもできることがあると気づいたんです。人生で初めて、自分の未来が見えました。

しかし、ようやく高校に入ってからも、いろいろとうまくいきませんでした。何度も学校を休み、不登校状態でした。そして、1年生が終わったときに中退しました。コーディングができ

たので、ガソリンスタンドではなくテクノロジー業界で働くことができました。テクノロジー界の悪名高い億万長者から大学に進学しない代わりに10万ドル（約1,090万円）を与えられたとき、僕は他の学生たちのように営利目的の組織を立ち上げるのではなく、非営利団体を立ち上げました。なぜなら、コーディングには本当に人生を変える力があり、そのような力が運のいい人だけに与えられるべきではないからです。しかし現状は、まさに運まかせです。2018年、もう時代は2018年なのに、この国の学校の60%はコンピューティングの授業を提供していません。

僕は運に恵まれ、そのおかげで本来得られなかった人生を歩んでいます。だからこそハック・クラブを始めたのです。ハック・クラブは、高校生が学校に提供してほしいと願うコンピューター科学プログラムを自ら始めることを支援します。毎週、たいていは放課後に2時間活動する学生主導のクラブという形で。その場で学生たちは一緒にコーディングを学びます。みんな初めは未経験ですが、初日が終わるときには全員が初めてのウェブサイトを立ち上げています。3回目の活動が終わるときには、誰もが初めてのゲームを完成させます。学年が終わるまでには、全員が数十のプロジェクトを立ち上げ、その地域で同じくハック・クラブに属するクラブが主催する各イベントにも参加します。そうして学生たちが地域のコミュニティの一員だと感じてくれることを願います。彼らのすばらしい活動は続いていきます。

2017年には、世界中の1万人近くの学生がハック・クラブのメンバーになりました。2年前の創設時、ハック・クラブは小さなアイディアにすぎませんでした。それ以来、このクラブはムーブメントにまで成長しました。

I realized I mattered. For the first time in my entire life, I saw a future for myself.

自分にもできることがあると気づいたんです。
人生で初めて、自分の未来が見えました。

ザック・ラッタ
20歳

Memory Banda

メモリ・バンダ
児童婚に反対する活動家

　児童婚、つまり、18歳未満の少年少女を公式または非公式に結婚させることは、世界的な問題である。南アジアでは、20〜24歳の女性のほぼ半数（45%）が、18歳になる前に結婚したと報告している。児童婚の割合が最も高い10か国のうち6か国は西および中央アフリカの国家だが、児童婚は豊かな国にも存在する。2014年には58,000人の子どもがアメリカで結婚しているのだ。アメリカの一部では、州の法律により、両親または法定後見人の許可があれば子どもでも年齢を問わず結婚できる。

　マラウイで子どもの権利を守るために活動するメモリ・バンダにとって、児童婚の慣習に抗う闘いの始まりは、痛々しいほど個人的な経験だった。メモリは、妹が「通過儀礼キャンプ」に送られたとき、自分が住む地域のコミュニティが危険な通過儀礼を若い女の子に強制していることを知った。このキャンプは、思春期に入りかけの年齢の女の子に大人になるための経験をさせる場であり、伝統的な価値観とジェンダー規範［性別による役割や「あり方」などを定義づけたもの］を植え付けることを意図していた。そのやり方は恐ろしく暴力的だった。キャンプでは、年上の男性が「性的浄化」の名のもとに少女たちをレイプし、セックスの仕方を教えた。この経験はのちにトラウマ、妊娠、外傷、病気などの重大な悪影響をもたらしかねない。

　このキャンプに送られたメモリの妹は妊娠し、若くして結婚し、その後の教育や仕事を得る可能性をあまりにも早く失った。メモリにとって、これは決して許せない犠牲だった。自分もキャンプに参加するようコミュニティから強く勧められたとき、メモリは頑なに拒んだ。

　その後、児童婚によって人生を狂わされた他の多くの若い女性と話をしたメモリは、10代にして母国マラウイでこの慣習を終わらせるための活動を始めた。ガール・エンパワーメント・ネットワークやレット・ガールズ・リードなどのNGO団体と協力し、児童婚に反対する若い女性たちからそれぞれの経験談を集め、政治家たちに働きかける際にその話を伝えてきた。こうした活動により、メモリはTEDやオスロ・フリーダム・フォーラムなどの国際的な舞台にも招かれた。

　メモリなどの活動家のおかげで、2017年4月、マラウイ政府は児童婚を禁止して合法的に結婚できる最低年齢を18歳に引き上げる法案を可決した。メモリは妹の娘についてこう語る。「あの幼い女の子は、お母さんが何を経験したかを知っています。でもきっと、自分の未来にはもっと大きな希望を抱いているはずです」。究極的には、メモリの活動は児童婚という残酷な慣行を終わらせることだけではない。少女たちに夢を見る自由を与えることなのだ。

I could be that girl that can rise up, defend the rights of my fellow young girls in my community.

ある女の子が、
自分と同じコミュニティの女の子たちの
権利を守るために立ち上がる、
その子に私がなれるかもしれない。

メモリ・バンダ
20歳

マラウイで児童婚を非合法化する

2017年アメリカ合衆国、ニューヨーク州、オスロ・フリーダム・フォーラム

私の妹は、たった11歳のときに嫁がせられました。

私は怒り、非難の声をあげようと思ったのですが、それは難しいことでした。アフリカの国々には数多くの伝統があり、特に子どもが思春期に入るときにはいくつもの通過儀礼を経験しなければなりません。私の国では、まだ10歳、11歳、12歳ほどの少女が通過儀礼キャンプに行かなければなりません。キャンプでは特別な日があり、その日はコミュニティの男性がひとりやってきて、性的浄化という伝統のもと、女の子全員と性行為をします。

キャンプに行かされた女の子たちが一生引きずることになるトラウマを想像してみてください。これはアフリカで、特に私の母国で日常的に起こっている現実です。子どもの頃、私にはたくさんの疑問がありました。こんなふうに考えました。「なぜ女の子には選択権がないの?」

13歳のとき、私はひとりの少女として自ら立ち上がろうと決心しました。ある女の子が、自分と同じコミュニティの若い女の子たちの権利を守るために立ち上がる、私がその子になれるかもしれない。私は女の子たちを集めてネットワークを作り、コミュニティのリーダーたちにアプローチしました。そして、キャンプでの性的な儀式を禁止するよう頼みました。

私たちは、政府に法定結婚年齢を15歳から18歳に引き上げるよう求める活動を思いつきました。もはやコミュニティだけでなく国レベルの活動となり、政治家たちに働きかけなければならないので大変でした。あるときには、「もう諦めるしかないのかもしれない」という雰囲気になったのを覚えています。でも、私たちは決して諦めませんでした。みんなで声をあげれば、大きな物事をもっとよくすることができるからです。私たちは活動を続け、何年もかかりましたが、2015年、法定結婚年齢が15歳から18歳に引き上げられました。

まだやらなければならないことがあるので、腰を下ろすつもりはありません。コミュニティレベルで意識を高め、自分の若すぎる娘を、わが子を嫁がせることはいまや違法なのだと知らせる必要があります。

これで終わりではありません。世界中で女の子への教育が支援され、自分たちに関わる問題に対する女の子たちの声がきちんと世の中に届くようにしなければなりません。世界中の女の子があなたたちのサポートを必要としています。変化は可能です。しかし変化は、立ち上がり、自分が信じるもののために闘うときのみ可能になります。そして、みんなが力を合わせれば、変化はもっと速く訪れるのです。

Kadallah Burrowes

カダラ・バロウズ
アーティスト・アクセシブルデザイン活動家

ニューメディアアーティストのカダラ・バロウズは、デザインによってもっとアクセシブルな（＝多くの人が利用しやすい）世界を作れると考える。あるライターは彼を「アーティストであり、プログラマーであり、ディレクターでもある」と評した。ニューメディアアートとは、さまざまな種類のテクノロジーを使って作られたアート作品、バーチャルリアリティ（VR）体験、ビデオゲーム、3D印刷などを幅広く含むカテゴリーである。

人間が革新的な技術を生み出し続ける限りこの分野のアーティストは存在してきたが、著名人や学術プログラムなどが関わることによってニューメディアアートの認知度は高まっている。カダラは、大学に複数の分野を学べる学部があることを利用してニューメディアアートを学んだ。彼は珍しいメディアを利用できるその環境だけでなく、その後ニューヨーク大学上海校に通った数年間を通して中国都市部での暮らしからもインスピレーションを得た。2018年に卒業した同大学で彼はインタラクティブ・メディ

アアーツを専攻し、メディア理論から障がい者のための空間デザインまで、あらゆることを学んだ。

カダラはまた、恐怖をテーマにしたインタラクティブなドキュメンタリー作品や、音楽を視覚化した作品など、いくつかの革新的なアートプロジェクトに取り組んできた。カダラは自分の作品を通してさまざまな人にニューメディアアートを体験してほしいと考える。彼の最も野心的なプロジェクトのひとつである施設型VR作品「サッカーズ」は、上海に住む吸血鬼をテーマにしたドキュフィクション［架空の要素を加えたドキュメンタリー］シリーズで、街中に隠されたQRコードを使って動画のロックを解除していくという内容だ。カダラは自身のウェブサイトで、この作品を「高価な技術をいくつも使うことなくユーザーを夢中にさせるもの」と説明している。作品をできるだけ多くの人に届けようとする彼の姿勢は、多くのニューメディアアーティストたちとは異なる。ニューメディアアート作品を観るためには、観る側がひどく高価な

設備を用意しなければならないことも多いからだ。

　より多くの人に「サッカーズ」などのアート作品に触れてほしいというカダラの望みは、少数の人だけでなく多くの人々のためになるアートを作るという、さらに大きな取り組みにつながる。ニューヨーク大学上海校主催のザオジョウ・ユース・カンファレンスで行なったスピーチでカダラは、アクセシブルなデザインを適用すれば社会問題の解決やユーザー経験の向上に役立つだけでなく、美術館やギャラリーという場の制約を超えたアートを作ることもできると語った。

アクセシブルデザイン——未来への扉

2018 年中国、ニューヨーク大学上海校、ザオジョウ・ユース・カンファレンス

アクセシブルなデザインとは、正確には何なのでしょう？　アクセシブルなものを作るデザイナーは、単に障がいのある人々が使える製品や設計を提供するというだけでなく、デザイン段階全体を通して常にそうした人のことを頭に入れて作業するよう努めています。しかし、アクセシブルなデザインを作ろうとする僕たちデザイナーが陥りがちな間違いのひとつは、障がいというものを身体のハンディキャップに限定して考え、精神疾患や貧困といった、社会環境などに起因する悪条件を含む広い定義を考えないことです。

この広い定義が示すグループの中には、中国に 1,000 万人から 6,000 万人存在する「取り残された子どもたち」、つまり、両親が都市に出稼ぎに行ってしまい、故郷に残された子どもたちがいます。このように長い間両親から離されることがもたらす大きな副作用は、心の健康問題です。故郷に残された子どもたちの 50% 近くがうつや不安感を報告し、およそ 37% が自殺を考えたことがあると告白しています。

この深刻な問題を僕が最初に知ったのは 2 年生のとき、深圳で開かれたハッカソン［エンジニアなどが短期間に開発作業をして成果を競い合うイベント］、「インターネット・オブ・グッド・シングス」に参加したときでした。このときのイベントのテーマは、取り残された子どもたちのためのデザインを考えることでした。僕のチームは「MANGO」というデバイスを考案しました。これは、子どもたちが日常的にやらなければならないことをゲーム化して、遠く離れていても両親とやりとりしている感覚を与えるものです。日々課されたタスクを子どもたちが実行し、教師や保護者に確認してもらえばポイントを獲得

できます。同様に、親も「課された」タスク——出勤や洗濯など——を実行するたびにポイントを得ます。このデバイスによって、子どもたちが親との継続的なつながりを感じられるだけでなく、親も子どもを預けている保護者に絶えず子どもの様子を確認しなくても安心できます。

アクセシブルデザインの原理は、従来のやり方でユーザー体験をデザインするだけでなく、アート作品の創作にも適用できます。ユニバーサルなデザインの作品とは、個々のグループのみに役立つよう作られるのではありません。すべての人が平等に利用できるようにデザインされるのです。

美術館はアート作品を、お金に換えられる商品と見なすこともあります。インターネットのおかげでアーティストが自分の作品を世に出すことははるかに簡単になりました。ネット上に作品を展示することで、アーティストたちはユニバーサルデザインの原則に立っています。美術館のチケット代にお金をかける必要も、特定の場所に行く必要さえなく、人々が作品を楽しめるのですから。インターネットの登場前には、何十年もの間、ストリートアーティストたちはアートの民主化を目指し、アート作品を美術館だけにとどまらせずに誰にでも見られる場所で発表してきました。

ユニバーサルデザインの原則は、メディア表象の必要性をめぐって議論が繰り広げられているさまざまな疑問に対する答えになりえます。多数派の人々だけでなく、すべての人々に力を与える作品をデザインすることにより、もっと多くの人が作品を身近に感じられるようになり、作品がもっと「アクセシブル」になるのです。

In universal design, work isn't necessarily created explicitly to empower individual groups, but is designed to be equally accessible for all ...

ユニバーサルなデザインの作品とは、
個々のグループのみに役立つよう
作られるのではありません。
すべての人が平等に利用できるように
デザインされるのです。

カダラ・バロウズ
22歳

Lauren Singer

ローレン・シンガー

環境活動家・インフルエンサー

　ローレン・シンガーはニューヨーク大学で環境学を専攻していた。4年生の実践クラスでローレンは、クラスメイトがプラスチックの持ち帰り用容器で食事している姿を見て、使い捨てプラスチックによるゴミに気を配らないなんて無神経だといら立ちを感じた。ローレンは自身のウェブサイトでこう述べる。「よくこんなふうに考えます。私たちはこの地球の未来であるはずなのに、こうやってゴミで地球をめちゃくちゃにしているのだと」。だが、ローレンが帰宅すると、自分の家にもあちこちにプラスチックがあることに気づいた。自分の価値観を実証するためには自らライフスタイルを変えなければならない、そう考えて2012年以来実践してきた「ゴミゼロ」の生活でローレンは国際的に評価されている。彼女にとってゴミゼロの暮らしとは、埋め立て地に廃棄物をいっさい送らないようにするということだ。彼女が6年以上続けてきたこの生活の中でどうしても発生

したゴミの総量は、16オンス（約470ml）の小さなガラス瓶に収まる。

　ローレンは、「トラッシュ・イズ・フォー・トッサーズ」というブログと、35万人以上のフォロワーを持つ同名のInstagramアカウントで、ゴミゼロで生きる日々を記録している。また、パッケージ・フリーという会社を設立し、食品容器、竹製のカトラリー、スチール製ストローなど、再利用可能な材料で作った製品を販売することで、他の人々も使い捨てプラスチックへの依存を減らせるようサポートしている。同社のウェブサイトにはこう記される。「環境にプラスの効果をもたらす選択は簡単にできるはずです。私たちの誰にでも、ゴミを減らすためのシンプルな取り組みができます」。2018年、持続可能な食料供給システムの構築に関心のある人々を対象にストックホルムにて開かれたフォーラムで、ローレンはそうしたひとつひとつの選択がよりよい地球を作ると語った。

ゴミゼロの暮らし方

2018 年スウェーデン、ストックホルム、EAT フォーラム 18

6 年近く前、私はもうゴミを出さないと決心し、埋め立て地に何のゴミも送らないと決めました。それは、ニューヨーク大学で環境学を学んでいたときです。私は環境に対して強い情熱を注いでいました。ある日、学校から帰って家で夕食を作りました。冷蔵庫を開けると、今まで一度も気づかなかったことに気づきました。うちの冷蔵庫の中にあるものは、何もかもすべてプラスチックに包まれていたのです。レタスも、あらゆる飲み物も調味料も、すべてが。バスルームにあるものにもすべてプラスチックが使われていると気づきました。あらゆる洗剤や、服も全部。私が買っていたファストファッションの服の多くは、合成繊維やプラスチックで作られているのです。

私はそれまで 4 年間も環境学を学んでいました。それなのに、私が住むアパートにあるものは何もかもがプラスチックでできていたのです。日々、私は自分が反対する（石油・ガス）産業にお金をつぎ込んでいたのです。少し考えたのち、気づきました。プラスチックの使用をやめなければならないと。

生活の中で多くのことを変えなければなりませんでした。化粧品はすべて自作し、容器を使わずに買い物をするなど、ゴミを出さない今のライフスタイルを実践するためにたくさんのことをしました。私は自分が深く気にかけていること、つまり持続可能な環境の実現と、自分の日々の行動とを矛盾させたくないと思いました。環境にプラスの影響を与えるために、ひとりひとりができることはたくさんあります。

アメリカでは、1 日にひとりあたり平均およそ 4.5 ポンド（約 2kg）のゴミが生まれます。ゴミゼロの生活を送ってきた 6 年間で、包装された食品にノーと言い、買い物リストを準備してまとめ買いをし、生ゴミを堆肥にするという私の行動が、埋め立て地に送られるゴミを 8,212 ポンド（約 3,725kg）減らしました。これが意味することは何でしょうか。埋立地でのメタンガス排出を減らし、自分が支援する産業を選ぶ。ファーマーズマーケットに行って地元の農家から食べ物を買えば、彼らの仕事について話を聞くこともできます。

私の選択は重要です。私たちひとりひとりの行動は重要で、誰もが影響力を持つのです。私が伝えたいのは、私たちの行動が積み重なってこの世界を作るということです。私たちがこの世界に対して責任を取ると決め、自分自身の行動に責任を持ち、毎日していることが大きな影響をもたらすのだと知れば、その瞬間、私たちは世界を変えられるのです。

My choices matter, and as individuals what we do matters and we are powerful. What I want to show is that our collective actions make up the state of the world.

私の選択は重要です。
私たちひとりひとりの行動は重要で、
誰もが影響力を持つのです。
私が伝えたいのは、
私たちの行動が積み重なって
この世界を作るということです。

ローレン・シンガー
27歳

Sparsh Shah

スパーシュ・シャー

障がい者の権利を訴える活動家

スパーシュ・シャーは、障がい者の権利を訴えるアメリカの活動家であり、演説家であり、ピュリズムという別名も使って音楽作品を発表するミュージシャンである。ピュリズムという名前は「ピュア」と「リズム」を組み合わせたものだ。スパーシュは自身のラップを、家族で聴けるもの（＝ピュアな内容）でリズミカルだと表現する。彼はYouTubeで30万人以上のフォロワーを持ち、エミネムの楽曲「Not Afraid」をカバーした動画は1,400万回以上再生されている。これにはエミネムのレコードレーベルであるシェイディー・レコーズも注目し、彼についてツイートしたほどだ。

スパーシュはあらゆる年代の聴衆の前でラップを披露し、演説を行なってきた。最近ではGoogleの本社で「リビング・ア・メッセージ・ウィズ・ミュージック」と題したスピーチをし、そこでこう語った。「多くの人々にインスピレーションを与えてこられた僕は恵まれています。乗り越えなければならないものに関係なく、どこに辿り着きたいと思うのかが重要なのだと示してこられたのです」。また、自分の人生において信仰が果たしてきた役割にも触れ、神を強く信じることで自分が置かれる状況のよい面に目を向けられると語った。「神は、ひとつのドアを閉めるとき、常にまた別のドアを開けると信じています。僕にとっては、歩いたり走ったりする能力の扉が閉ざされたとき、音楽への扉が開かれました」

スパーシュをテーマに、「骨形成不全のラッパー」と題された短編ドキュメンタリー映画も制作された。このタイトルは、彼が骨形成不全症を患っていることからつけられた。骨形成不全症は、生まれたときから生涯にわたってその人の生活に影響を及ぼす障がいだ。丈夫な骨を作るのに不可欠なコラーゲンの生成に異常をきたし、最もひどい場合は何百か所にもわたって骨折を引き起こす。このドキュメンタリーは、2017年に脊椎固定術（脊椎の安定性を高める手術）を受けたスパーシュの経験を描いたものだ。その年、スパーシュは手術直後にロサンゼルスを訪れ、障がいを持つ人々を代表して活動する彼の功績を称えたチャンピオン・オブ・ホープ賞を受け取った。

スパーシュは15歳のときにWE Dayでスピーチをし、障がいと共に生きる自身の生活と、逆境の中でモチベーションを保つことについて語った（「みなさんが思いつくような困難は全部ぶっ壊してきました」と冗談めかして言った）。さらに聴衆に向けて、自分の信念を貫くよう呼びかけ、他の人が言う言葉に自分を定義させてはいけないと訴えた。

WE Day でのスピーチ

2018 年アメリカ合衆国、ニューヨークシティ、WE Day

　僕は 15 歳で、骨形成不全症を患っています。骨が脆くなる、珍しい、不治性の遺伝性疾患です。生まれたとき、僕は 40 か所近く骨折していました。それから 15 年を生き、130 回の骨折を経験した後、僕はその痛みよりも自分の目標の方が大きいことに気づきました。そして、僕の野心はこの逆境よりも強いのです。つまり、僕が言いたいことはこうです。障がいはあなたを定義するものではありません。僕にとって、自分が持ちうるすべての可能性を発揮するうえで障がいが妨げになることはありません。障がいは異なる人生観を与えてくれただけです。僕はいつもみんなにこう言っています——僕は自分の障がいをディスっているんだと。

　自分が他の人たちと同じように生活できないことはわかっています。毎日ベッドに出入りするときや、友達の家の階段を上るときには、両親に持ち上げてもらわなければなりません。それでも、自分にとって何がうまくいくのか、どうすれば自分が輝けるか、何が役立つかなどを見つけていく必要があります。

　僕にとって、それは音楽でした。歌ったり、曲を書いたり、ラップをすることで、うまくいかない日も乗り越えられてきただけでなく、自分の気持ちを人々に伝えて、それに共感しても

らえるかもしれないのです。実際、YouTube に楽曲のカバーを上げ始めると、世界中から僕の音楽にインスパイアされたというメッセージが送られてきました。ある人はこんなメッセージをくれました。彼女はとてもつらい時期にあり、自分をあまりにも無価値に感じて自殺も考えていたけれど、僕の動画を観て僕のストーリーを聞いたことでインスパイアされ、人生を大きく転換させて闘い続けることにしたというのです。これって、すごいことじゃないですか？

　そうして目標を見つけた今、僕はこの立場を活かし、ありのままの自分を受け入れて自分の可能性を解き放つよう他の人たちにも呼びかけています。僕はこれまでにたくさん骨を折ってきましたが、僕の人生において決して折れることのないものを知っています。それは、僕の声と魂です。僕はスパーシュで、15 歳で、ニュージャージー出身のシンガーソングライターで、ラッパーで、人々にインスピレーションを与える演説家です。僕には、すばらしい人生、すばらしい友達と家族、愛しくてたまらないかわいい弟がいます。そして、僕は自分の障がいによって定義されるのではなく、僕自身が決めた言葉によって定義されています。あなたはどのように自分を定義しますか？

Disabilities are not definitions. Mine doesn't stop me from reaching my full potential.

障がいはあなたを定義するものではありません。
僕にとって、自分が持ちうるすべての
可能性を発揮するうえで
障がいが妨げになることはありません。

スパーシュ・シャー
15歳

Amanda Southworth

アマンダ・サウスワース

メンタルヘルス活動家

　世界中で毎年80万人近くが自殺により亡くなっている。40秒ごとに1人の命が失われている計算だ。メンタルヘルスはすべての人に関わる問題である。しかし、社会的な立場が脅かされるかもしれないという理由から、多くの人々がメンタルヘルスについて表立って話すことを躊躇する。「狂っている」と言われ、危険だと思われ、結果的に差別され疎外されることを恐れているのだ。こうした悪しきイメージと闘うために有効な手段のひとつは、多くの人が自分のストーリーを共有することだ。

　アマンダ・サウスワースは、メンタルヘルスに対する認知の向上とサポート強化を訴える活動家だ。自身も生涯にわたって精神疾患と闘ってきたことから、うつ、不安神経症、自傷行為などに苦しむ他の人々に代わって声をあげることにしたのだ。自らの経験について公に話し、メンタルヘルスの問題にもっと目を向けるよう聴衆に呼びかけることで、アマンダはこの問題について率直に話しやすい環境作りに貢献して

いる。2018 ペンシルベニア・カンファレンス・フォー・ウィメンで行なったスピーチでは、テクノロジーが密かにもたらす悪影響について触れ、多くのウェブサイトがユーザーを引きつけるための戦略を使っていると指摘した（一部のウェブサイトは、コンテンツをどんどん過激化させることで長い間ページを閲覧させ、その間にユーザーの情報を集めているという）。アマンダは、ネット上に広まる嘘を原因に親が極右思想に陥ってしまったという、ごく個人的な経験を例に挙げた。しかし一方で、テクノロジーは急性うつと不安神経症に苦しむ彼女にとって救いにもなった。若者のメンタルヘルスを支えるアプリ（困難にぶつかったときの打たれ強さを養うゲームやエクササイズなど）を作ることで自分にとっての目標が見つかったと彼女は語った。そして、傷ついている人、いじめられている人、抑圧されている人がいたら、黙って傍観するのではなく、救いの手を差し伸べることが大切なのだと訴えた。

We have a responsibility, not only as women but as people on this earth, to make sure we destroy things that oppress us or those less fortunate than us.

私たちには責任があります。
女性としてだけでなく、この地球に生きる人間として、
自分たちや、もっと恵まれない人たちを
抑圧するものすべてを破壊する責任が。

アマンダ・サウスワース
16歳

2018 ペンシルベニア・カンファレンス・フォー・ウィメンでのスピーチ

2018 年アメリカ合衆国、ペンシルベニア州フィラデルフィア

　私にとって、学校は決して楽しい場所ではありませんでした。私はいじめを受けていました。そして、6 年生のときに不安神経症とうつ病と摂食障害を発症しました。7 年生になる頃にはすでに父宛てに遺書を書いており、それから 4 年後、極めて深刻な PTSD（心的外傷後ストレス障がい）と診断されました。まだ 17 歳にもならないうちに。

　私はテクノロジーを逃げ場にしました。そして、精神疾患を持つ人たちがメンタルヘルスの専門家のもとに行けるまで自分を保っておくためのすべを、学ぶ場を、私が作れるかもしれないと考えました。そして、精神疾患に苦しむ人に情報、対処手段、認知行動療法に基づく治療を提供する「アングザエティーヘルパー」というアプリを開発し、13 歳のときに公開しました。ユーザーがひとり増えるたび、生き続けるための理由になりました。彼らを守るために、朝 6 時に起きて学校へ行き、夜中の 1 時や 2 時までアプリで作業をしました。アングザエティヘルパーを始めたのは、人々を守りたかったからです。

　（LGBTQ + の）友人が、虐待、いじめ、ヘイトクライムなどのターゲットになったとき、世間がそうした犯罪を被害者のセクシュアリティのせいであるかのように扱っていることに気づきました。私が同性愛者であることをカミングアウトする前、母が私のレズビアンの友人に対して矯正治療を受けに行くよう勧めているのを聞いたことをきっかけに、私はふたつめのアプリを作ろうと決めました。LGBTQ + コミュニティの人たちのための、完全暗号化を施

したセキュリティアプリ、「ヴェレナ」です。このアプリを使えば、緊急時に匿名で対応窓口にアラートを送信したり、事件を記録しておいて後から報告したり、近くの安全な場所を見つけたり、自分が時間どおりに帰宅しなかったときに窓口にアラートが行くようタイマーと位置情報を設定したりできます。さらに、理解のない親やパートナーに見つかった場合に備えて、一見するとただの計算アプリに見えるようになっています。

　1 月、私は 2 年生の途中で高校を中退し、私につらくあたる母親から逃れるためにロサンゼルスに行って父と暮らすことにしました。テクノロジーで人々を助けることに全力を注ぎ、連邦議会から 25,000 ドル（約 270 万円）の助成を受けました。基本的には、普通のティーンエイジャーが起業するときも同じような流れでしょう。高校を中退し、テクノロジーで人々をサポートし続けるために非営利のソフトウェア開発会社アストラ・ラブスを立ち上げました。アストラを立ち上げたのは、テクノロジーを世の中の役に立たせたかったからです。いまや私の会社は世界中に 83,000 人以上のユーザーを抱えています。

　私は、これまでの多くの活動家たちと同じく、自分を押さえ込もうとする社会のシステムを修正しようとしています。しかし、ひとりではできません。私たちには責任があります。女性としてだけでなく、この地球に生きる人間として、自分たちや、もっと恵まれない人たちを抑圧するものすべてを破壊する責任が。

Amika George

アミカ・ジョージ
生理の貧困と闘う活動家

アミカ・ジョージは、月経を恥ずかしいことだとは考えていない。一方、彼女の考えでは、生理が原因で学校に行けない若者をなくすために十分な支援をしていない私たちはそれを恥じるべきだ。中学生のとき、アミカは生理の貧困というものを知って愕然とした。慈善団体グローバル・シチズンによる定義では、生理の貧困とは「生理用品、月経教育、トイレ、手洗い設備、適切な廃棄物処理システムを得られないこと」を意味する。これを理由に、自分の出身地であるイングランドさえをも含む世界各地で、毎月1週間学校に通えない学生がいることをアミカは知ったのだ。

アミカはまた、人口の半分が生理を経験しているという事実にもかかわらず、力のある政党がいずれもこの問題に対して明らかに対策を怠っていることを知って落胆した。そうして自らこの問題を解決すると決心した彼女は、2017年に #FreePeriods の名のもとに社会運動を始め、生理の貧困に対する世の中の認識を高めると共に、身体の自然な仕組みを理由に教育機会を失う人がいなくなるように学校での生理用品の無料提供を呼びかけた。フリー・ピリオズのウェブサイトには次のように書かれている。「スコットランド政府は以前から、すべての学校および大学で生理用品を無料で提供してきました。ウェールズ政府は、生理の貧困に向けた対策費として100万ポンド（約1億5,000万円）を支出すると約束しました。私たちは、イングランドで取り残されています」

#FreePeriods の社会運動はネット上でも街頭でも注目を集めた。女優のエマ・ワトソンが「ティーン・ヴォーグ」誌の「21アンダー21」にアミカを選んだほどだ。若者を対象にロンドンで開かれたワンデーイベントのWIRED ネクスト・ジェン会議で、アミカは活動開始の経緯から、首相官邸の前でデモを行なったことまで、自身の運動についてさまざまな話をした。

Even though we were protesting about something that is so awful, there was this amazing sense of solidarity and celebration.

私たちが抗議していたのは
とてもひどい問題でしたが、
その場には団結と祝福という
すばらしい感覚がありました。

アミカ・ジョージ
19歳

開拓者アミカ・ジョージによる、#FreePeriods運動の経緯

2018年イギリス、ロンドン、WIRED ネクスト・ジェン

ある日、朝食を食べるテーブルについて、携帯電話である記事を読みました。それを読んだときは信じられませんでした。ナプキンやタンポンを買えないからというとんでもない理由で毎月1週間学校を休まなければならない女の子たちがいるなんて。その子たちは生理のせいで学校に行けないのです。

私は地元の議員に連絡しました。そして、誰もこの問題に対処していないことを知って驚きました。いつもソーシャルメディアを使っているティーンエイジャーとして、私はインターネットを利用することにし、署名サイト change.org に #FreePeriods の請願書を載せました。内容は、無料で学校給食を支給されている女の子には生理用品も無料で支給するというものです。つまり、低所得の家庭出身だとすでに確認されている子、生理の貧困に苦しんでいる可能性が最も高い子たちに。請願書には数週間で2,000以上の署名が集まり、その数は（このスピーチの時点で）18万を超えました。

総選挙が始まった（2017年）5月、私は各政党に生理の貧困について連絡をしました。そして、緑の党、自由民主党、女性平等党は、生理の貧困撲滅を総選挙の公約に掲げました。3つのマニフェストに「生理」という言葉が使われたことはそれまでに一度もなかったはずです。

私は数人の友人と一緒に、ダウニング街［イギリス首相官邸のある街区］での #FreePeriods デモを組織しました。（抗議の日、）赤い海がこちらに近づいてきました。そこには2,000人の若者がいました。みな、生理について訴えるプラカードを掲げ、興奮に沸き上がっていました。デモに参加して、この大きな問題に対して自分たちがどれほど怒っているかを政府に示したかった

のです。私たちが抗議していたのはとてもひどい問題でしたが、その場には団結と祝福というすばらしい感覚がありました。文字通り、テリーザ・メイ首相の寝室に向かって叫んだおかげで、首相は耳を傾け、イギリスに存在する生理の貧困への対策費として150万ポンド（約2億3,000万円）を割り当てました。驚くべき前進ですが、この支出は1年間しか行なわれないため、長期的かつ持続可能な解決策ではありません。誰もが受けるべき教育をきちんと受けられるように、すべての学校で女の子のための規定ができるまで私は闘い続けます。

また、私の活動は、生理に対するタブー視と沈黙に対処することも目指しています。あなたに生理があるなら、むしろなくても、とにかく生理について話しましょう。これはとても簡単なことで、人々はすぐに心を開いてくれます。ジェンダー平等のための闘いを前進させるには、生理はとても大きな役割を担わなければなりません。

ですから、次にネット上で何か問題を見かけたら、「この問題の解決は、自分にかかっているんだ」と考えてください。それは生理の問題かもしれないし、まったく違うものかもしれません。あなたを支えてくれる人、友人、地球の反対側に住む人など、あなたと同じくらいにその変化を見たいと願う人が常にいるのです。そして、フリー・ピリオズの抗議活動が証明したように、数には間違いなく力があります。問題を目にしたら、友達に話し、オンラインで署名を集め、デモを計画し、この目で変化を見たいのだと世の中に伝えてください。

Millie Bobby Brown

ミリー・ボビー・ブラウン
女優・ユニセフ親善大使

イギリスの女優ミリー・ボビー・ブラウンは、Netflix の SF テレビドラマシリーズ「ストレンジャー・シングス」の登場人物であるイレブン役の演技で最も高く評価されている。国際的に名の知れた自分の立場を世の中のために役立てたいと考えたミリーは 2018 年、14 歳にして史上最年少のユニセフ親善大使となった。親善大使の役割は、ユニセフを代表して、ユニセフのファンや組織の活動に興味を持った人たち、世界中の影響力あるリーダーたちに対し、子どもへの支援を呼びかけることだ。

ミリーは自身が重視する社会問題について演説をしてきた。2018 キッズ・チョイス・アワードの受賞スピーチでは、パークランド校で起きた銃乱射事件の犠牲者 17 人の名前が書かれたシャツを着て登壇し、銃による暴力についてメッセージを伝えた。また、学校でのいじめ問題もたびたび演説のテーマに挙げ、イギリスの学校でいじめを受けた自らのストーリーと、その経験が長い間自分の中に不安感を残していることを語ってきた。

ミリーは「タイム」誌の「世界で最も影響力のある 100 人」に選ばれ、「グラマー」誌でのインタビューでは次のように語った。「若者の生活はどんどん切迫しています。まずは、子どもたちが暴力や搾取からきちんと守られるようにしたいです。また、ソーシャルメディアの負の側面と闘っていきたいです。私も直接経験してきましたが、あれは病のようなものです。私にとって、本当に恐ろしいのは憎しみという負の感情です。また、気候変動もとても重要です。ちょうどロンドンにいたとき、グレタ（・トゥーンベリ）の話を聞いて大きなインスピレーションをもらいました」。2018 年、ミリーはユニセフ親善大使として世界中の子どもたちを支援することに対するビジョンを語り、世界こどもの日を祝して「（ユニセフカラーの）青色を身につけましょう」と聴衆に呼びかけた。

Starting today, let's remind ourselves of our rights as children, and let's demand those rights – not just for ourselves, but for every child here.

さあ今日から、子どもとして私たちが持つ
権利を思い出し、その権利を訴えましょう
――私たち自身のためだけでなく、
未来のすべての子どもたちのために。

ミリー・ボビー・ブラウン
14歳

ユニセフ親善大使就任スピーチ

2018 年アメリカ合衆国、ニューヨークシティ、国連本部

世界子どもの日を祝して。

世界子どもの日にこうして国連にいられることをうれしく思います。今日は、私たちみなに影響する問題について子どもが声をあげる日です。だからこそ、世界こどもの日は私にとってとても重要なのです。今日は私たちの日です。また、史上最年少のユニセフ親善大使に任命されたことは、私にとってとても大きな名誉です。世界を代表して子どもや若者の声を届けるユニセフの国際的な役割を考えると、史上最年少の親善大使になることはもはや名誉以上のもの、大きな特権です。そして、ことわざにもあるように、大きな力には大きな責任が伴います。

今日、私は正式に自分の役割に足を踏み入れ、そして、次に挙げる約束を守ると誓います。私は、あまりにも長い間押し込められてきた何百万人もの子どもと若者の声を代弁します。世界中の立場の弱い子どもや若者を苦しめる問題に光を当て、彼らがまだ参加できない話し合いの場で彼らを代表します。そして何より、子どもと若者に自分たちが持つ権利を知らせ、彼らに自分たちの求める変化を実現させる力を与えるため、力を尽くします。

私がここに立っている今も、何百万人もの子どもたちが教育を受けられていません。何百万人もの人々に、故郷と呼べる安全な場所があり

ません。何百万人もの人々が、健康や体力を保つために必要な栄養のある食べ物、ワクチン、きれいな水を得られていません。住む場所や生まれた環境に関係なく、すべての子どもたちが世の中に声を発信する機会を持てることが私の願いです。私たちには、変化を起こすための情熱、炎、アイディアがあるのです。

ユニセフ親善大使になるにあたり、私の英雄である偉大な故オードリー・ヘプバーンとこの称号を共有します。彼女はかつてこう言いました。「成長していくにつれて、あなたにはふたつの手があることに気づくでしょう。ひとつは他の人を助けるため、もうひとつは自分自身を助けるためのものです」。これはまさに私が目指していることです。私は、各地に赴いてユニセフのすばらしい活動を目にし、できるだけ多くの子どもたちに会うことを楽しみにしています。ファンの人たちにも一緒に来てもらい、私と一緒に学び、一緒に声をあげてもらうよう促していきたいです。さあ今日から、子どもとして私たちが持つ権利を思い出し、その権利を訴えましょう——私たち自身のためだけでなく、未来のすべての子どもたちのために。だから、世界子どもの日の今日、私と世界中の子どもと共に、子どもたちのために行動を起こしてください。

Bana Alabed

バナ・アルアベド
教育機会と人権を訴える活動家・シリア難民

バナ・アルアベドはシリア内戦の若き生存者だ。その紛争は民間人の命を奪い、家族を引き離し、地域全体の情勢を不安定化させ恐怖を蔓延させた。アレッポ市で爆撃と包囲戦が続いた 2016 年、バナはツイッターでその状況を発信し続けたことで世界中から注目を集めた。7 歳の少女の視点で伝えられた紛争の恐ろしさに、人々はいっそう胸を痛めた。

バナの学校が破壊され、父親が包囲戦で負傷した後、バナ一家は他の民間人と共に争いで荒廃した街から逃れ、最終的にトルコへ避難した。かつて中学校で英語を教えていた母親ファテマの助けを借り、バナは 30 万人以上のフォロワーに向けてツイートを続け、平和と教育機会を訴え、ときには公の場でスピーチを行ない（2018 年の国際ドキュメンタリー協会（IDA）アワード受賞スピーチもそのひとつだ）、シリアの危機についての認識をさらに広めるため、テレビで記者からのインタビューに応えている。

シリアの子どもたちを助けていただき、ありがとうございます。私はこうやって生きているので幸運ですが、シリアの子どもたちが毎日死んでいることは悲しいです。その子たちは食べ物も薬もないので苦しんでいます。学校に行くこともできません。私たちは子どもです。戦争が何かもわかりません。私たちには平和が必要です。安全に暮らせる場所が必要です。子どもたちは学校に行き、学び、幸せを感じるべきです。

ある日、学校で勉強をしていると、空から軍用機の音が聞こえました。母と先生は、危ないから私を家に帰すことにしました。でも、私たち子どもは帰るのが残念でした。それほど危険な爆撃を経験したことがなかったからです。でも、その後大きな爆撃音が聞こえ、私たちは怖くなって走って家に帰りました。家に着くと地下に降りました。そして、父が来て、私の学校が爆撃されたと言いました。もう友達に会ったり勉強したりできないと思うと、とても悲しいです。平和のために、戦争を止めるために、力を合わせてください。ありがとうございました。

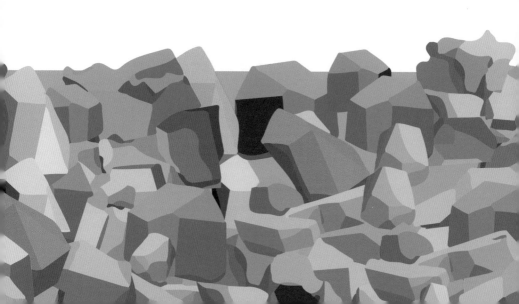

Greta Thunberg

グレタ・トゥーンベリ
環境活動家

　世界を変えるには、ルールに従わなければならないこともある。しかしときには、すべてをひっくり返して現状の不公平を叫ぶ価値もあるのだ。スウェーデンの学生、グレタ・トゥーンベリの断固とした姿勢は、地球温暖化の責任は影響力ある政治家たちや資本主義的な経済システムにあると訴える彼女のスピーチに表れている。裕福な著名人たちが出席することで知られる世界経済フォーラム年次総会（ダボス会議）でグレタは気候変動についてスピーチし、聴衆のエリートたちに向けてこう呼びかけた。「私たちの家は燃えています。……あなたたちにパニックを起こしてほしいです。私が日々感じる恐怖をあなたたちにも感じてほしい。大人は若者に希望を抱いてばかりです」

　グレタの活動は独特な形で始まった。2018年8月、グレタは学校を休んでスウェーデン国会議事堂の前にひとり座り込み、横に置かれた手描きのプラカードには、世界のリーダーたちが気候変動に対して断固たる行動をとらなければ、世界中の学生が学校に行かないストライキをすると書かれていた。同年11月、グレタのメッセージは注目を集め、多くの学生が彼女の活動に参加し、行動を呼びかける彼女の動画がソーシャルメディアに投稿された。12月になる頃には、世界中の国々（イギリス、アメリカ、日本、ベルギーなど）の270の町や都市で2万人以上の学生がストライキに加わり、パリ協定の指針に沿って行動せよと自国の政府に圧力をかけた。

　グレタが「気候のための学校ストライキ」を始める前、両親はそうした運動が彼女にとってプレッシャーになることを心配した。それも当然だ。グレタは自閉スペクトラム症を持ち、場面緘黙症である。つまり、他の子たちよりも社会生活において苦労してきたのだ。活動家よりも公の場に立つ機会が多い役割はあまりない。遠くの地で開かれるイベントに呼ばれ、人前でスピーチをし、さまざまなリーダーたちと会い、その間ずっとカリスマ的な笑顔を見せていなければならないのだから。しかし、グレタは活動家の姿というものを大きく変化させている。どこかで妥協したり表現を和らげたくなることがあっても、温暖化解決のために必要な力強さと切迫感をもってまっすぐに真実を伝えることで、自分は人気を得るためでなく、若い世代と地球の環境のために声をあげるのだと示しているのだ。

　2018年12月、グレタはポーランドのカトヴィツェで開かれた国連気候変動会議でスピーチをし、気候変動に対して十分に対処していない大人たちの怠慢を強く非難した。

You say you love your children above all else, and yet you are stealing their future in front of their very eyes.

あなたたちは、
わが子を何よりも愛していると言いながら、
まさに目の前でその子の未来を奪っているのです。

グレタ・トゥーンベリ
15歳

第24回国連気候変動枠組み条約締約国会議でのスピーチ

2018年ポーランド、カトヴィツェ

私の名前はグレタ・トゥーンベリです。15歳です。スウェーデンから来ました。クライメート・ジャスティス・ナウを代表して話します。スウェーデンは小さな国なので、私たちが何をしようと問題ではないと言う人がたくさんいます。しかし私は、どれほど小さい存在でも変化をもたらすことができると学びました。たった数人の子どもが学校に行かないだけで世界中の注目を集められるなら、私たちが心から何かを求めて力を合わせれば何ができるかを想像してみてください。

しかし、そのためには、どれほどの苦労が伴っても、はっきりと発言しなければなりません。あなたたちは人気を失うことを恐れるあまり、なるべく環境に害を与えず経済を成長させ続ける方法を話してばかりです。もはや非常ブレーキを引くことしかまともな対策はないのに、私たちをこの混乱に陥れた考え方のままで前進することしか口にしません。大人げないあなたたちは、ブレーキをかけようと言えません。その重荷をも私たち子どもに負わせているのです。私は人気取りなど気にしません。私が考えるのは、気候の正義と、生きているこの惑星のことです。私たちの文明は、ごく少数の人たちが莫大なお金を稼ぎ続けるために犠牲になっています。私の母国などで裕福な人たちが贅沢な暮らしをするために、私たちの生物圏は犠牲にされています。多くの人々の苦しみを代償に、少数の人が贅沢をしているのです。

2078年、私は75歳の誕生日を迎えます。そのときの私に子どもがいたら、その日を一緒に過ごしてくれているでしょう。私の子は、あなたたちについて私に尋ねるかもしれません。まだ行動できる時間があるうちに、なぜ何もしなかったのかと。あなたたちは、わが子を何よりも愛していると言いながら、まさに目の前でその子の未来を奪っているのです。

政治的に可能なことではなく、何をしなければならないかに目を向けない限り、希望はありません。危機を危機として扱わなければ解決することはできません。化石燃料は地中に残して、公平性に目を向けなければなりません。今の制度の中で解決策を見つけることがそれほど難しいなら、制度そのものを変えるべきなのかもしれません。私たちは、世界のリーダーたちにお願いをしに来たのではありません。あなたたちは私たちを無視してきました。そして、これからも無視するでしょう。もう言い訳は使い果たし、時間も果てようとしています。私たちは、あなたたちが望もうと望むまいと、変化が迫っていることを知らせるためにここに来ました。真の力を持つのは人間なのです。

Canwen Xu

キャンウェン・スー
アジア系アメリカ人のアイデンティティを訴える活動家

　キャンウェン・スーは、中国の南京で生まれ、2歳でアメリカに移住した。アメリカの人口のうち、自身をアジア系と認識しているのは6%足らずで、そうした少数派人種が極めて少ない地域もある。キャンウェンは子ども時代をそのような場所でばかり過ごした。人種多様性の最も低い中西部の州に住んでいたからだ。この経験により、彼女はマイノリティとして白人中心の場にいることの苦労や、アジア系アメリカ人がアメリカの社会構造の中で独特な立場にあることに対して敏感になった。場になじめず、相手に悪意がなくとも自分の見た目が周りとは違うと何度も思い知らされた経験は、子ども時代の彼女に深く影響を与えた。自分をよそ者だと感じ、中国のルーツを恥じた瞬間もたびたびあったが、最終的にキャンウェンはこの考えに行き着いた。「私はありのままの自分を誇りに思ってる。ちょっとだけアメリカ人で、ちょっとだけ中国人、そして、両方の要素をたくさん持っているんだから」

　高校でのキャンウェンは、ヤング・デモクラッツ・ハイスクール・コーカス［民主党を支持する高校生の集まり］の全国会員リーダーおよびアイダホ州リーダーを務めた。プログラミングも得意な彼女は、コード・フォー・ファンという女子だけのコンピューター科学ワークショップを立ち上げ、2014年NCWITアスピレイションズ・イン・コンピューティング・コンテストで準優勝を果たした。現在、キャンウェンはニューヨークのコロンビア大学に通い、アジア系アメリカ人をめぐる問題に熱心に取り組んでいる。かつての自分と同じく中西部に住むアジア系アメリカ人の学生たちを前にしたスピーチで、キャンウェンはアメリカでアジア人としてのアイデンティティを主張することについて語り、マイノリティであるために自分が受ける扱いに対する感情は、自分のルーツそのものに対する感情から解き放つことができるのだと伝えた。

Embrace your identity, embrace your contradiction, and most importantly, be bold while doing it.

あなたのアイデンティティを受け入れ、
自分の中の矛盾を受け入れましょう。
何より、その間も勇敢な心を持ち続けてください。

キャンウェン・スー
21 歳

中西部アジア系アメリカ人学生ユニオンでのスピーチ

2019 年アメリカ合衆国、コロラド州、コロラド大学ボルダー校

数か月前、アイダホ州ボイジーの実家で冬休みを過ごしていたとき、眉毛を整えてもらうために自転車で近くのサロンに行きました。エステティシャンは、近所に住むフレンドリーな金髪の女性でした。私たちは話し始めました。しばらくして、彼女はこう尋ねました——出身はどちらですか？

「パーペチュアル・フォーリナー［永遠の外国人］症候群」という言葉を聞いたことがあると思います。つまり、アジア系アメリカ人がどれほど社会に溶け込んでいても、私たちの出身は別にあるように扱われるのです。私がよく知っているのはこの国だけです。しかし、アジア系アメリカ人が完全にアメリカ人でも、何世代にもわたってこの国に住んでいても、まだよそ者として見られるようです。

（成長するにつれ、）自分をアジア人だと認識したいと感じるのは、プライベートな時間を過ごすときだけになりました。私たちの多くにとって、YouTube はそれまでにはなかったアジアのハリウッドでした。映画「クレイジー・リッチ！」やドラマ「フアン家のアメリカ開拓記」などが登場する前は、YouTube こそ私たちがアジア系アメリカ人として生き、呼吸することができる場所でした。そこでは私はごく普通の存在で、異質だと感じずにいられました。

でも、そうして動画を観ているうちに、どちらかのアイデンティティを選ぶ必要はないのだと気づきました。メディアでいわゆる「普通の人」として描かれる人たちに自分を重ね合わせる必要はないのです。自分の経験、考え方、性格をホワイト・ウォッシュ［非白人をまるで白人であるかのように描写すること］する必要はないのです。

アジア系アメリカ人は、私たちなりに特有の経験をしているにもかかわらず、人種をめぐる議論から取り残されがちです。アジア系アメリカ人はグレイゾーンにいるとされることが多いです。私自身、3 年前のスピーチではグレイゾーンにいると言いました。しかしその後、私の考え方は変わりました。私たちアジア系アメリカ人はグレイではないのだと、今は心の底から理解しています。私たちは勇敢です。たとえホワイト・ウォッシュされても、決して「ホワイトに」なることなんてないのです。

「出身はどちらですか？」という質問は、かつてふたつの面から私を悩ませました。ひとつめは、先ほど述べたように、自分は永遠に外国人なのだと感じたことでした。ふたつめとしては、あまり話したくないのですが、私は中国出身であることを誇りに思っていなかったのです。結局のところ、人生でずっと私を周りの人たちから遠ざけてきたのは、中国人であることだったのです。今でもまだ吹っ切れてはいないのですが、私はこのアイデンティティのせいで感じる疎外感とアイデンティティそのものとを切り離そうとしています。なぜなら、自分が中国人であるのが嫌だというわけではなかったのです。私は中国人であることを理由にした扱われ方が嫌いだったのです。ダコタとアイダホに住んでいる間にどういうわけかこのふたつが混同し、私は自分のアイデンティティを憎み始めてしまったのです。

ですから、コロンビア大学のアジア系アメリカ人コミュニティが私に与えてくれたもの、つまり、自分自身と自分のアイデンティティを誇りに思う感覚を、このコミュニティがみなさんに与えてくれることを願います。あなたのアイデンティティを受け入れ、自分の中の矛盾を受け入れましょう。何より、その間も勇敢な心を持ち続けてください。

Maya S. Penn

マヤ・S・ペン

慈善家・環境活動家・起業家・アニメーター・CEO

マヤ・S・ペンにはいくつも肩書がある。マヤは自らが立ち上げた衣料品会社の CEO であるだけでなく、アニメーター、映画監督、作家、活動家でもある。

マヤの活動は、8歳にして環境に優しいファッションブランド「マヤズ・アイディアズ」を思いついたときから始まった。マヤは根気強く会社立ち上げに取り組み、一からウェブサイトをデザインして世界中の顧客に製品を出荷した。事業の成功はメディアの注目を集め、2013年の TED ウィメン会議を始め、数え切れないほどのスピーチ依頼がマヤのもとに舞い込んだ。TED ウィメンでのスピーチ映像は160万回再生され、今もその数は世界中で増え続けている。他の若者にも情熱を注げる何かを見つけてもらうため、2016年には『 You Got This!: Unleash Your Awesomeness, Find Your Path, and Change Your World ［あなたならできる！ 自分の魅力を解き放って、進むべき道を見つけ、あなたの世界を変えよう］』と題した著書を出版した。

マヤの起業家精神は、社会の役に立ちたいという願いといつでも密接に絡み合っている。天然資源を枯渇させ環境を汚染するとしてファッション業界への非難が高まっているこの時代に、マヤは持続可能なデザインを提唱する。自社のウェブサイトでマヤはこう述べる。「私のデザ

インには、新しい羊毛、革、シルク、サンゴなどは使用されません。1940年代のヴィンテージウールやシルクなどの生地を見つけたら、それを使ってまったく新しいものを作り上げます。私が使うのはすべて、古いヴィンテージものの生地や、綿など植物由来のオーガニック素材です。私の会社の服やアクセサリーには、100%オーガニックコットン、麻、竹、リサイクルしたヴィンテージ素材などが使われています」

マヤはまた、環境問題と女性の権利保護に取り組む非営利団体に利益の一部を寄付し、自身もマヤズ・アイディアズ・4・ザ・プラネットという特定非営利団体を立ち上げて新進気鋭の女性起業家たちに資金を提供している。さらにマヤは、環境をテーマにしたアニメシリーズ「ザ・ポリネーターズ」の制作者でもある。

2019年、アメリカに本社を置く子ども向けファッションブランドであるジャスティスは、若い女の子を対象に開催したイベント、ライブ・ジャスティス・サミットの基調演説をマヤに依頼した。当時19歳のマヤは、自分のストーリーを他の若者たちに伝え、自信を失ったり批判を受けたりしても自分自身のアイディアを発信してほしいと呼びかけた。

Even though I didn't have a lot to start with, I had a vision, and I was going to make it work.

初めからたくさんの資源が
あったわけではありませんが、
私にはビジョンがありました。
それでやれるはずだと思ったのです。

マヤ・ペン
19歳

ライブ・ジャスティス・サミット 2019 での基調演説

2019 年アメリカ合衆国、オハイオ州コロンバス

2008 年、私はマヤズ・アイディアズという会社を立ち上げました。まだ 8 歳のときでした。私がビジネスを始めた理由は 3 つです。好奇心、環境への愛、そして、あらゆるアートとデザインへの愛です。事業を始めたとき、私は本気でした。寝室でぬいぐるみたちにプラスチック製のピザを売るレストランごっことはわけが違うとわかっていました。これは本物のビジネスで、すばらしいものになるはずだと。

家にあるものを使ってヘッドバンドを作り始めました。初めからたくさんの資源があったわけではありませんが、私にはビジョンがありました。それでやれるはずだと思ったのです。製作を続けながら、帽子やスカーフ、バッグなど他のアイテムの作り方も学びました。また、収益の 1 割をこの国と世界中の慈善団体や、環境問題と女性の権利保護に取り組む団体に寄付したいと思いました。なぜなら、恩返しがいかに大切なことかを知っているからです。

私は商品だけでなく、自分でロゴも作りました。顧客対応サービスもやりながら、ブランディングもマーケティングも研究しました。プログラミングも始め、10 歳のときに公式ウェブサイトを作るために独学で HTML を学びました。文字通り、私はすべての肩書を背負っていました。比喩的にも文字通りにも、どんな「帽子」でもかぶるつもりでした[wear a hat（帽子をかぶる）には「肩書を持つ」の意味もある]。

やがてオンラインで商品を売り始めると、私の商品はイタリア、デンマーク、オーストラリア、日本など世界中に出荷されるようになりました。10 歳のときに「フォーブス」誌から連絡が来ました。私と私のビジネスについて取材したいというのです。それから、テレビや雑誌で取り上げられ始めました。とても驚きました。8 歳で思いついたアイディアがこれほどさまざまな機会を呼び込むことになるなんて信じられませんでした。この経験は、大小を問わずすべてのアイディアに耳を傾けることが大切なのだと教えてくれます。アイディアが頭に浮かんでも、無意識のうちに追い払ってしまうかもしれません。でも、そうせずに、あなたの考えに耳を傾けてください。

どれほど成功している講演家でも、みんな緊張するものです。自分に世界を動かすことができるのかわからないまま、世界を動かしてみる——私にとって、これが本当の自信というものです。自分の気持ちと仲良くしなければなりません。気持ちだけで車を動かすことはできず、後部座席には緊張感を置いておく必要はありますが、それでも、そんな感情と共に生き、全力を尽くせば成功することはできます。あなたたちにもできます、私を参考にしてください。私は人前で話すことが多いですが、それでもなお緊張します。でもプロとして、あなたたちの声が重要なのだと覚えておくことが大事だとわかっています。

（批判的な人は）あなたを止めようとするかもしれません。しかし、そんな人たちがあなたの喜びを奪うことは決してできません。怖くなったりつらくなったりするときがあっても、彼らがあなたの喜びを奪うことはできません。喜びはいつでもあなたのものですから。あなた自身が前進し続け、モチベーションを失わずにいること、結局はそれが大事なのです。私の後に続いて言ってみてください。私は強い。私は賢い。私は最高。私は内面も外面も美しい。思いついたことは何でも達成できる。いつでも自分の目標に向かっていく。他の女の子をサポートしてあげる。きっと他の女の子たちも私をサポートしてくれる。私ならできる。私たちならできる！

Hilde Lysiak

ヒルデ・リシアック
ジャーナリスト

　わずか12歳のとき、ヒルデ・リシアックは大人の記者たちが羨むほどのスピードで殺人と麻薬取引に関するニュース記事を発表した。プロジャーナリスト協会の最年少メンバーであるヒルデは、ペンシルベニア州セリンズグローブの町の地元ニュース速報を新聞およびオンラインで報道する「オレンジ・ストリート・ニュース」の創設者兼発行者で、唯一の記者だ。「ニューヨーク・デイリー・ニュース」紙の記者だった父親によくニュース編集室に連れて行ってもらっていたヒルデは、報道する楽しさを目の前で見て育った。「オレンジ・ストリート・ニュース」の初版は自分の家族向けにクレヨンで書いたシンプルなものだったが、ヒルデが自宅近くで起きた殺人事件のスクープをつかみ、恐れることなく地元のどの記者よりも先にそれを記事に取り上げると、彼女のプロジェクトは当初想定していた範囲を超えて急速に成長した。

　現在、「オレンジ・ストリート・ニュース」のウェブサイトへのアクセス数は100万を超え、世界中がヒルデのジャーナリズムに注目している。しかし、ヒルデが報道によって得たのは支持者だけではなく、地元の権力者の中には彼女に疑いの目（あるいは、あからさまな敵意）を向ける者もいた。ある警察官は、ヒルデが彼に質問をする際にカメラを回していたことに腹を立て、「少年拘置所に放り込むぞ」と言った。

　ウェストバージニア大学リード・カレッジ・オブ・メディアの卒業式で行なったスピーチでヒルデは、権力のある個人や政府ではなくすべての人々のために努力することを決して忘れないようにと卒業生たちに伝えた。さらに、新世代の記者たちが伝統的な報道の原則を守り、客観的な視野を持ちながら地域社会に深く関わることで、ジャーナリズムが信頼を取り戻す新時代が築かれるはずだと期待を示した。

We are the generation that can restore the people's trust. That is a trust I guard with my life. You should too.

人々の信頼を取り戻せるのは私たちの世代です。
私はその信頼を鎧にしており、
みなさんもそうすべきです。

ヒルデ・リシアック
12歳

リード・カレッジ・オブ・メディア卒業式でのスピーチ

2019年アメリカ合衆国、モーガンタウン、ウェストバージニア大学

どこを向いても、新聞が売れなくなっているなど、ニュースに関する悪いニュースが聞こえてきます。別の仕事を見つけた方がいいと言われるのは毎週のことです。もっと未来がある仕事をと。まだ12歳なのだからと。

もちろん、報道に未来はあります。しかし、そこに辿り着くのは簡単ではありません。ただ、これまでに何百もの記事を書き、数え切れないほどの汚職を暴き、世界中で熱心な読者を得てきた立場として、どうすればその未来への架け橋を築けるか、私にはいくつか考えがあります。

その地で生きる人たちと話しましょう。私にとって、最高の記事はプレスリリースから得た情報をもとに書いたものではありません。地元の大通りを自転車で走り、いくつものドアをノックし、中小企業の経営者たちや、喫茶店に集まるお年寄り、落ち葉を掃除する気のいい隣人などから直接話を聞いて得た情報です。近所に住む噂好きの女の人の話や、教会での夕食会にこそ、本物の金塊が埋まっているのです。実際にそこに生きる人々からは、生きたストーリーが得られるのです。

しかし、誰のことも手放しに信用してはいけません。嘘をつく警官もいます。政府関係者もときに嘘をつきます。そして、普通の人たちでも嘘をつくことがあります。ですから、人物ではなく、真実に対して忠誠心を持つことが大切です。

デスクから離れましょう。私が知る最高の記者たちは、受信トレイにネタが届くのを待ってはいません。自らネタを見つけに行きます。「オレンジ・ストリート・ニュース」の発行者、編集者、そして唯一の記者である私には担当デスクがいません。自分で記事のアイディアを考え出さなければなりません。だから、毎日朝の4

時半に起きた後、私が最初にすることは外に出て1マイル走ることです。また、コミュニティに参加するようにもしています。私は地元のレストランに行き、地元の店で買い物をします。町をあちこち動き回っています。約束します、時間をとって自分の周りの世界を探索すればするほど、多くの物語に出合えるのです。

誰もが世界を変えたいと思っています。そのために記者は、世界で最も説得力のある武器を持っているのです——それは、事実です。だからこそ公正な記者は、世界一のコラムニストよりもはるかに多くの変化を引き起こすことができるのです。読者は賢いです。正しい事実が与えられれば、読者はたいてい正しい結論に達します。それが真実の力です。

今、メディアは危機にあります。私たちが直面している危機は、信頼です。あまりにも多くの人が、もはや目にする情報を信用していません。あまりに多くの記者が、自分の報道を一種の劇場にしてしまったからです。支持する政党によって人々を分断し、人々が持ちうる偏見を満たしてあげることや、ページのクリック数を増やすことを目的とした、吐き気のするような政治的エンターテインメントです。

人々の信頼を取り戻せるのは私たちの世代です。私はその信頼を鎧にしており、みなさんもそうすべきです。前に進み続ける中で、信頼はあなたにとってかけがえのない通貨になります。

将来、歴史を振り返るとき、今この瞬間は職業としてのジャーナリズムが死に絶える直前の暗黒の時代ではないと信じています。私たちの世代が、ニュースを危機から救うだけでなく、事実に基づいた情報をきちんと伝え、その情報の輝きがこの地球の隅々までを照らす黄金時代の幕開けとして歴史に残るはずです。

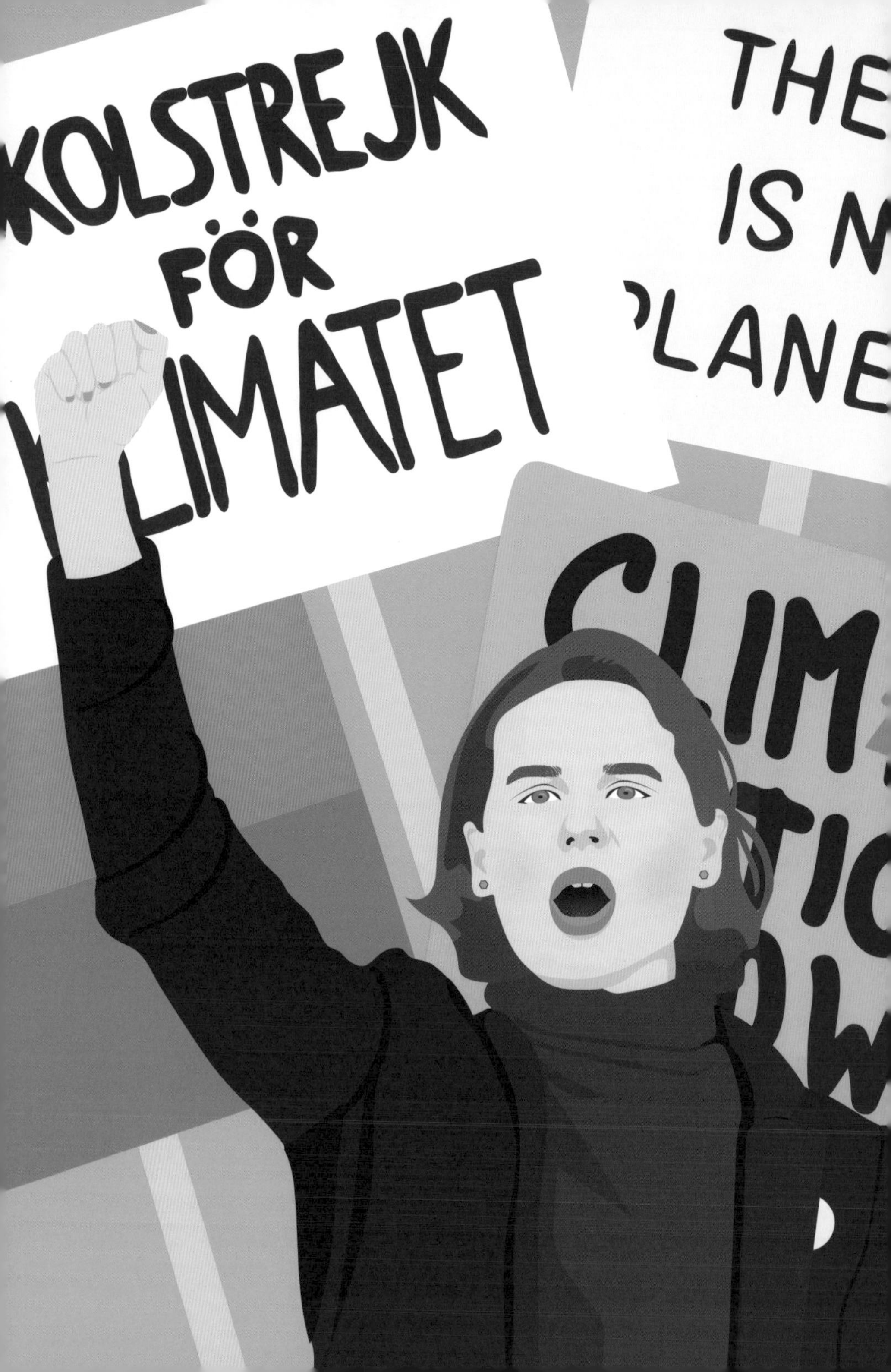
KOLSTREJK
FÖR
LIMATET
THE
IS N
LANE

Anuna De Wever

アヌーナ・デ・ウェーフェル
気候活動家

　ベルギーの気候活動家であるアヌーナ・デ・ウェーフェルが環境保護活動に情熱を抱いたきっかけは、幼いうちにジェンダー問題を意識したことだった。バズフィードニュースのインタビューによると、子どもの頃に自分の性を疑問視した経験を通して（小学校では自身を男の子だと認識したが、その後はより柔軟な性自認を持つようになり、今は女性代名詞を選んでいる）、世界のあり方に対する大人たちの従来的な考えに疑問を呈そうと思ったという。その後、「国連女性の地位委員会」が2016年に開催した会議に出席したアヌーナは、女性の方が気候変動と自然災害がもたらす破壊的な影響をより多く受けていると知った。母親に勧められて気候活動家グレタ・トゥーンベリのスピーチを見たアヌーナは、自分も温暖化をめぐる闘いに加わろうと決心し、ベルギーの「ユース・フォー・クライメート」運動を率いるに至った。アヌーナは世界各国でスピーチをし、他の若き気候活動家と協力しながら、各国で行なわれている「気候のための学校ストライキ」に参加する学生たちをまとめるサポートをしてきた。

　アントワープで行なわれ、デ・モルゲン紙などが取り上げたユース・フォー・クライメートのデモで、アヌーナはこう宣言した。「あまりにも長い間、政治家や支配者たちは気候危機に対して何もせずやりすごしてきました。このまま逃れさせはしません。私たちは宿題をやってきたのに、彼らはやらない。だから私たちは学校を休みます。私たちは自分の未来のためではなく、すべての人の未来のために闘っていて、これからも闘い続けます」。このデモには35,000人以上が参加した。これらのデモはメディアや政界の注目を集めているが、すべてが肯定的な反応とは限らない。フランダース政府のジョーク・シャウヴリージュ環境大臣は、学校ストライキは「でっち上げ」だと言い、若者たちの活動の裏にはより大きな陰謀が存在するのではないかとほのめかした。のちに大臣はこの発言を原因に辞任した。

　大人から向けられる露骨な皮肉に、アヌーナは断固たる決意と粘り強さをもって応える。アヌーナは、かつて力を合わせてユース・フォー・クライメートを率いたキーラ・ガントワと共に、アメリカのジャーマン・マーシャル財団から第69回アーク・プライズ・オブ・ザ・フリー・ワールド賞を受賞した。2019年の夏、ブリュッセル・フォーラムで政治家たちを前に行なったスピーチでアヌーナは、政治的に達成されたことがどれほど少ないか、やるべきことがまだどれだけ残っているかを訴えた。

I'm asking you:
please be the first,
be the ones that make
the brave decisions.

あなた方にお願いします。
勇敢な決定を下す人に、
その一歩を踏み出す最初の人になってください。

アヌーナ・デ・ウェーフェル
18歳

青少年運動と気候

2019年ベルギー、ブリュッセル・フォーラム

　私は長い間ベルギーで気候活動家として活動してきました。7歳のときには、小学校のみんなと市役所に行って気候の歌を歌いました。こんな歌です。「目を覚まそう、立ち上がろう、目を開いて、よりよい未来を築こう。今すぐ始めよう」

　今、私は18歳です。あれから11年経ちましたが、結局何も変わりませんでした。むしろ事態は悪化しただけです。気候の危機ははるか遠いものではありません。まさに今起こっているのです。モザンビークでは子どもたちの目の前で海面上昇によって家が浸水し、ハリケーンによって街が破壊され、気候の変化によって毎年何百万種もの動物が死に、人々が死んでいます。しかし、それでもなおこの世界の習慣は変化しません。私たちは自分に正直にならなければなりません——私たちが住む社会は化石燃料中毒です。それでも、何らかの理由をつけてぬるま湯につかり、問題に対して目をつぶって、目の前の危険から逃げるのはとても簡単です。

　私たちは今すぐ行動しなければなりません。これまで気候問題は優先事項として考えられず、人々はこの地球にもたらされる悪影響に目もくれずに、限界などないのだと経済成長を追い続けてきました。しかし、すでに多くの経済学者は、経済成長はこの惑星を守ることと密接に関連していると言っています。

　私たちは130か国以上でストライキを行ない、毎週たくさんの人が街頭デモに参加して政治的行動と気候正義を求めています。それでも私たちは変化を夢見ることしかできません。しかし、この会場にはその変化を起こす力を持つ人たちがいることを知っています。だから、あなた方にお願いします。勇敢な決定を下す人に、その一歩を踏み出す最初の人になってください。巨大な危機を解決するなんて不可能だと思えることもあるでしょう。でも、これまでに人類はそれが可能だと示してきました。私たちはたった10年で全世界にテクノロジーを浸透させました。ひとつところかふたつの世界大戦を終わらせました。月にまで到達しました。

　195か国がパリ協定に署名しましたが、掲げた目標に沿って行動している国はひとつもありません。このままパリ協定の目標に向けて取り組まなければ、やがて限界点を迎え、地球は自ら温度を上げるようになり、温暖化はもはや取り返しがつかなくなって、未来はなくなります。最初の一歩が最も難しいのです。最初の一歩は、私がスピーチを終えた後、あなたたちがこの部屋を出るとき、自分もこの革命の一部にならなければならないと知ることです。私たちの未来のための闘いに加わらなければならないと。

インスピレーションを与えてくれるその他の若者たち

すばらしいスピーチをしてきた若者はあまりにもたくさんいるので、全員をこのアンソロジーに載せることはできない。それでも、本書をさらなる研究と発見の出発点にしてもらえれば嬉しい。世界中で、数多くの若者が自ら声をあげて変化を求め、それによってときには自分の評判やキャリア、命さえをも危険にさらしている。紙やオンラインで公開される文章とは異なり、スピーチとはどこか儚いものだ。集会でメガホンを通して叫ばれ、聴衆を沸き上がらせた演説が時と共にいくつ失われてきたのか、その正確な数を知ることはできない。しかし、歴史に残すべきだと考えられるスピーチをした人たちの間にも大きな格差があることは確かだ。本書のために調べ物をする中で、収録できるほど十分な資料（スピーチの書きおこしや録音音声）がない人もいた。言語が壁となったケースもあった。しかし、ある人たちのスピーチがあなたにわかる言語で録音されていなくとも、あなたが自分のコミュニティの改革に向けて立ち上がるうえで、彼らの活動そのものがインスピレーションを与えてくれるはずだ。そんな人たちをここに紹介しよう。

クローデット・コルヴィン

ローザ・パークスが市民的不服従運動で有名になる数か月前、クローデット・コルヴィンという 15 歳の少女も、1955 年に同じくアラバマ州モンゴメリーの市営バスで白人用の席を譲ることを拒んで白人警官に逮捕されていた。クローデットは、アメリカ地方裁で開かれ、アラバマ州のバスでの人種分離法を違憲だとする判決が下されたブラウダー対ゲイル裁判の原告のひとりだった。

イクバル・マシー

わずか 4 歳でイクバルは債務奴隷［家族の借金返済のために貸し手のもとで過酷な労働をする子ども］となり、母親の医療費のための借金を返済すべく、パキスタンの絨毯工場で長時間労働を強いられた。10 歳のときにイクバルは過酷な工場労働から逃れ、NGO 団体の債務労働解放戦線からサポートを受けて学校に通い始めた。それからまもなくイクバルは活動家となり、世界中で演説を行なって児童労働に反対した。イクバルは 1995 年に銃撃され死亡したが、彼の生き様と活動は世の中に刺激を与え、彼の影響を受けてアメリカ議会は年に一度、反児童労働活動家に贈る賞を設立し、人権活動家のマーク・キールバーガーとクレイグ・キールバーガーは慈善団体フリー・ザ・チルドレンを立ち上げて世界各国に学校を建てた。

エマ・ゴンザレス

エマがフロリダ州パークランドにあるマージョリー・ストーンマン・ダグラス高校の 4 年生だったとき、侵入者が銃を乱射して彼女のクラスメイト 17 人を殺害し、他にも多くの人が負傷した。事件後、エマは他の学生たちと共に銃暴力に反対し、2018 年に「私たちの命のための行進」と名付けたデモを行なった。このデモには 100 万人以上が参加し、アメリカ史上屈指の規模となった。

ナオミ・ワドラー

ナオミはアメリカの銃暴力に反対し、特に、メディアが学校での銃乱射を取り上げるときに黒人女性の被害者が軽視されすぎている状況に注目を集めるべく活動している。ナオミはこの問題について、2018年の「私たちの命のための行進」の集会で演説をした。その場に登壇したスピーカーの中では彼女が最年少だった。

ノマ・ナジール・バット、ファラー・ハッサン、アニーカ・カリド

インドのティーンエイジャーであるノマ、ファラー、アニーカは、ガールズロックバンド「プラガーシュ」のメンバーだ。プラガーシュはカシミール語で「夜明け」や「暗闇から光へ」を意味する。2012年12月に初めて公の場で演奏すると、バンドはたちまち注目を集めたが、中傷コメントや殺害の脅迫も殺到した。イスラム教徒が多数派を占める州の大ムフティ（宗教指導者）も彼女たちを非難し、公の場で音楽を演奏する女性はイスラム教徒ではないと述べた。安全上の懸念から少女たちは演奏をやめざるを得なくなったが、その勇気にはインドでも、世界中からも支持が集まった。

ヤラ・シャヒディ

アメリカの女優で活動家のヤラ・シャヒディは、女優としての立場を活かし、メディアの表象と多様性や、若者の投票率など、数多くの社会問題について世の中の認識を高めている。自身が18歳になったときには有権者登録パーティーを主催し、投票率アップを目的とした「エイティーン×18」キャンペーンを開始した。

ジョシュア・ウォン

ジョシュアは香港の民主主義活動家で、中国政府を積極的に批判してきたことを理由にこれまで何回も投獄されている。2011年、当時14歳のジョシュアは学生主導の政治団体「学民思潮」を立ち上げた。3年後、彼は学校ボイコットを組織し、雨傘運動と呼ばれる大規模なデモに参加した。このデモでは、数千人の学生を含む参加者が79日間にわたって主要道路を封鎖し、自由な選挙を求めた［2021年8月現在収監中］。

マリ・コペニー

「リトル・ミス・フリント」のニックネームで知られるマリの出身地であるアメリカのミシガン州フリントでは、水道水が高濃度の鉛と危険なバクテリアで汚染され、何万人もの人々に影響を及ぼし、レジオネラ症にかかった12人が死亡した。マリはわずか8歳のときに当時のオバマ大統領に手紙を書き、フリントに来て問題解決に手を貸してほしいと頼んだ。オバマ大統領はマリと会い、1億ドル（約109億円）の対策費を承認した。

・Emma González・

・Naomi Wadler・

ロージー・キング

イギリスのウェイクフィールドで大学に通う
ロージーは、9歳のときにアスペルガー症候群
と診断された。下のきょうだいふたりも自閉症
スペクトラムであるロージーは、自閉症の人々
に対する一般の理解を深めたいと考えた。そし
て、BBCのテレビ番組「自閉症と私」のホス
トを務め、さらにエミー賞キッズ部門を受賞し
たことで世界的に存在を知られ、TED MED会
議でのスピーチ依頼を受けるに至った。彼女の
スピーチはこれまでに260万回以上再生され
ている。

ネティウィット・チョティパットパイサン

ネティウィットはタイの学生活動家である。
2012年、16歳の彼は他の学生たちと協力し
て「タイ教育革命同盟」を結成し、公教育の質
向上および、昔ながらの機械的な暗記学習の削
減を求めた。この民主化運動によってネティ
ウィットは強力な敵から目をつけられ、軍政府
に抗議したとして拘留された。しかし同時に、
この運動に対して制裁を課した彼の大学に8
人のノーベル賞受賞者が抗議の書簡を送るなど、
著名人たちからの支持も集めた。

フランク・ワーン

フランクは、アメリカインディアン部族である
シカング・ラコタ族出身のラッパー、シンガー
ソングライター、活動家だ。2010年、21歳
のフランクは音楽グループ「ナケ・ヌラ・ワウ
ン」を結成し、同年にアルバムをリリースした。
フランクはヒップホップを通してアメリカ先住
民が直面してきた抑圧、虐殺、トラウマを伝え、
アメリカのポップカルチャーにおける先住民の
存在感を高めてステレオタイプと闘うことを目
指している。

アダット・アケチ

南スーダン出身オーストラリア育ちのアダット
は、16歳でモデル業を始めた。8歳のときに
一家でオーストラリアに引っ越すまで、彼女は
ケニアの難民キャンプで暮らしていた。学校で
は肌の色を原因にクラスメイトからのいじめに
遭ったが、そのときに浴びせられた残酷な言葉
が彼女の美意識を損なうことはなかった。売
れっ子モデルとなったアダットは、メンタルヘ
ルスに関わる自身の苦しみを公に語り、心の問
題について話しやすい世の中を築くべく活動し
ている。また、ファッション業界の多様性も求
めて声をあげてきた。

・Rosie King・

・Frank Waln・

アマンダ・グエン

アマンダはアメリカの活動家であり、性犯罪被害者の権利を保護する組織、ライズの創設者兼CEOである。アマンダ自身も性的暴行を受けた経験があるが、被害を告発するとなれば気が遠くなるようなお役所的手続きを踏まなければならないと知った。自身のトラウマ的体験を糧に、アマンダは性犯罪被害者の権利を守るための法案を起草した。法案には、時効までの期間中はレイプキット［性犯罪被害に遭ったときに加害者を特定する証拠を収集するためのキット］を無料で保管することなどが含まれる。この法案は全会一致でアメリカ議会を通過し、2016年10月に法律として成立した。2016年以来、ライズは20以上の法案の可決に関わってきた。

ババル・アリ

ババルは「世界最年少の校長」と呼ばれている。彼はわずか9歳のとき、故郷であるインドのマーシダバードで自分と同じくらいの年齢の子どもたちが学校に行かずゴミを漁っているのを見た。その状況を変えなければと決意したババルは、自宅の裏庭に学校を設立し、子どもたちに読み方を教えた。2015年、地元コミュニティの支援を受け、アナンダ・シクシャ・ニケタンという名のその学校はババルの裏庭から近くの建物へ移転した。ババルはこれまでに5,000人以上の子どもたちを教育し、インド全土で教育機会を増やすべく活動している。

タリア・ルマン

10歳のとき、タリアはアメリカのルイジアナ州を襲ったハリケーン・カトリーナによる被害と混乱を目の当たりにし、世界中の何百万人もの子どもたちに寄付を呼びかけることで、ハリケーン被害者のために1,000万ドル（約10億9,000万円）以上を集めた。その後、タリアはランダムキッドという非営利団体を設立した。この団体の目的は、慈善活動をしたいと願うが資金の調達と運用をするすべを持たない若者たちを支える統括組織となることだ。

タンディウィ・アブダラ

タンディウィが立ち上げた「ブラック・ライブズ・マター・ユース・ヴァンガード」は、公立学校内での警察による過度の取り締まりと闘い、黒人の若者の権利を守るための団体だ。タンディウィはロサンゼルスで開催された2018ウィメンズ・マーチで、50万人の聴衆を前に演説をした。2019年2月、当時15歳で高校2年生だった彼女は、その活動を認められてロサンゼルス市議会から表彰された。

· Babar Ali ·

· Amandla Stenberg ·

169

アマンドラ・ステンバーグ

アマンドラ・ステンバーグは、人種、性別、セクシュアリティの問題について率直な意見を発信してきたアメリカの女優、歌手である。16歳のとき彼女は、もともと歴史の授業で作成した、文化の盗用と黒人文化をテーマにした動画「私のコーンロウを金儲けに使わないで」を公開した。また、黒人の女の子たちの声を代弁すべく意見を発信し、自身がLGBTQ＋コミュニティのメンバーであることについても話してきた。「ティーン・ヴォーグ」のウェブサイトに掲載された映像では、「反逆とは、自分のアイデンティティを貫くことだと思います」と語った。

アマニ・アルカタツベ

アメリカの作家で起業家のアマニが、女性イスラム教徒による女性イスラム教徒ための人気ブログサイト MuslimGirl.com を立ち上げたのは17歳のときだ。彼女はコミュニティを構築してイスラム教徒の女性と若者の声を世に広めることに情熱を注ぎ、特にイスラム恐怖症が蔓延する政界に影響を及ぼすことを目指している。

ジャセレン・チャージャー

アメリカ先住民のジャセレン・チャージャーは、環境活動家であり、「水の保護者」であり、シャイアン・リバー・スー族の一員である。ダコタ・アクセス・パイプラインの建設計画が自分たち民族にもたらす脅威を知った彼女は、21歳のときに「国際先住民青年評議会」を立ち上げた。パイプライン建設への抗議として、ジャセレンはノースダコタ州から首都ワシントンD.C.まで 2,000 マイル（約 3,200km）に及ぶリレー走行を企画した。

シクスト・キャンセル

シクストは、アメリカの非営利団体のリーダーとして里親制度の改革を提唱する。彼はシンク・オブ・アスという団体を立ち上げ、里親制度を利用している、あるいは制度の利用を終了しようとしている若者にサポートを提供する。また、仲間と共に、第1回ホワイトハウス・フォスター・ケア・アンド・テクノロジー・ハッカソンを企画し開催した。

アディバ・カーン

アディバは生殖の正義を訴えるアメリカの活動家だ。カリフォルニア大学バークレー校に在学中、アディバは同大学初の学部生による中絶権利擁護派団体、スチューデンツ・ユナイテッド・フォー・リプロダクティブ・ジャスティス（SURJ）を立ち上げて会長となった。アディバと SURJ は、カリフォルニア州の公立大学に対し、中絶処置を必要とする学生を学外の病院や診療所に行かせるのではなく、大学の学生用ヘルスセンターで投薬中絶の処置を施させる州法案を支持する活動を行なった。最終的にこの法案はカリフォルニア州議会の両院を通過した。

ズライカ・パテル

南アフリカの学生であるズライカは、プレトリア高校に通う13歳のとき、女の子がアフロヘアーなど生まれつきの髪型にすることを禁ずる校則に反対する運動を率いた。彼女と仲間の学生たちが緊迫した空気の中で治安部隊と対峙する映像がネット上に広まったことで、運動はソーシャルメディアで拡大し、アパルトヘイト後の南アフリカの教育に残る人種差別が広く議論された。学校は校則を改正し、その後もズライカは人種差別や性差別と闘うために活動を続けている。

もっと読んでみよう！

ここに挙げる本は、若い人たちに実践的なアドバイスをくれるものも、
この社会で教育が果たす役割を哲学的な面から説明しているものもある。
どれも、声をあげたいと思う人たちに刺激を与え、導いてくれる本だ。

A Random Book
about the Power of ANYone
Talia Leman (Simon and Schuster)
訳者によるタイトル訳
『誰もが持つ力についての、ごく普通の本』
タリア・レマン

It's Your World: Get Informed,
Get Inspired & Get Going!
Chelsea Clinton (Penguin Random House)
訳者によるタイトル訳
『ここはあなたの世界　知識を手に入れて、
刺激を受け、動き出そう！』
チェルシー・クリントン

Freedom's Orator: Mario Savio and
the Radical Legacy of the 1960s
Robert Cohen (Oxford University Press)
訳者によるタイトル訳
『自由の演説家　マリオ・サヴィオと 1960 年
代における急進主義の遺産』
ロバート・コーエン

I Am Malala
Malala Yousafzai
(Little, Brown and Company)
『わたしはマララ　教育のために立ち上がり、
タリバンに撃たれた少女』
マララ・ユスフザイ
2013 年、金原瑞人訳、西田佳子訳、学研プラス

Under the Same Sky: From Starvation in
North Korea to Salvation in America
Joseph Kim (Houghton Mifflin Harcourt)
訳者によるタイトル訳
『同じ空の下で：北朝鮮での飢餓から、
アメリカでの救済まで』
ジョセフ・キム

So Here I Am: Speeches by Great Women
to Empower and Inspire
Anna Russell (White Lion Publishing)
訳者によるタイトル訳
『だから私はここにいる　力と刺激を
与えてくれる、すばらしき女性たちのスピーチ』
アンナ・ラッセル

The Opposite of Loneliness:
Essays and Stories
Marina Keegan (Scribner)
訳者によるタイトル訳
『寂しさの反対語　エッセイと物語』
マリーナ・キーガン

Pedagogy of the Oppressed
Paulo Freire (Continuum)
『被抑圧者の教育学』
パウロ・フレイレ
2011 年、三砂ちづる訳、亜紀書房

謝辞

どんな本もひとりだけの力では完成しない。この本の核心を作るのは、すばらしいスピーチをしたすべての若者たちだ。私はあなたたちの言葉から刺激を受け、背中を押され、元気をもらい、この世界が崖っぷちに立っているように感じるときでも絶えず正義を求めて諦めずにいようと思える。

ホワイト・ライオン・パブリッシングのみなさんに深く感謝する。ワクワクするような構想を立て、この本をまとめてくれたエマ・ハーヴァーソン、ザラ・アンヴァリ、フィリッパ・ウィルキンソン、細心の注意で校閲をしてくれたラモナ・ランポート、ありがたいリサーチ支援をしてくれたベラ・スカーチリー。海を隔て、時差のある場所で1冊の本を仕上げていくのは簡単なことではなく、これほど理解ある編集部の方々と仕事ができたことを心から幸運に感じている。

また、複数の団体や組織のおかげで、若者に自主性を持たせて積極的な行動を促すことがこの時代においてとても重要なのだと理解できた。アメリカで行なわれた教育会議に参加したことで、教育改革において学生の声を世に広めることに情熱を注ぐ仲間に出会い、彼らはのちにかけがえのない友人となった。野心にあふれながらも思慮深い彼らと、若者にとってよりよい世界とはどのようなものかと、夜遅くまで話し合い、討論をした。

本書をめぐる旅は、私自身が12歳のときにスピーチをした経験がなければ始まっていなかっただろう。そのスピーチは、TEDのキュレーターであるクリス・アンダーソンとコンテンツディレクターのケリー・ステゼルが私を信頼してくれたからこそ実現した。若者たちにチャンスを与える数多くのTEDプログラム（特にTEDxとTED-Ed）と、2010年から2013年にかけて共に仕事をしたTEDxRedmond会議のすばらしいチームメンバーたちにも感謝する。彼らはみな、若者たちがこの世界を揺るがし、すべての人にとってよりよい未来を築くはずだと強く信じている。

若者の可能性への期待を最も体現する職業は、おそらく教育者だろう。子ども時代の私の先生だったフェリサ・ロジャーズ、大きな刺激を与えてくれたレドモンド高校とカリフォルニア大学バークレー校のみなさんに深く感謝する。

最後に、父のジョン・スヴィタク、母のジョイス・スヴィタク、姉のアドリアーナ、そして、気持ちの面からも人付き合いという面からもサポートしてくれたたくさんの友人、特にアルジュン・デイヴに多大なる感謝を伝えたい。愛こそ、社会変革を目指すあらゆる努力の中心にあるもので、世界をよりよい場所にするとはどういうことなのかを私が最も直接的に学んだのは、友人たちの思いやりある行動を通してかもしれない。

アドーラ・スヴィタク　Adora Svitak

作家・講演家。世界中に向けて若者のエンパワーメントを提唱している。2010 年、TED で「What Adults Can Learn from Kids（大人が子どもから学べること）」というスピーチを行なう。Pacific Standard Magazine（パシフィック・スタンダード・マガジン）によって「30 歳未満の優れた思想家 30 人」に選出。Huffington Post（ハフィントン・ポスト）、Women's Media Center（ウィメンズ・メディア・センター）、TED ブログなど数多くのメディアに記事を執筆。また、Google、Mashable、国連などでも講演を行なった経験がある。TEDx イベントを通じて若者の声を届けるだけでなく、高校でライティングやスピーチのワークショップを行なっている。

長尾莉紗　ながお・りさ

早稲田大学政治経済学部卒。翻訳家。訳書に『ROOKIE YEARBOOK TWO』（共訳、DU BOOKS）、『マイ・ストーリー』、『約束の地』（ともに共訳、集英社）、『確率思考』（日経 BP）、『ディセンダント』（小学館）、『スター・ウォーズ ビジュアル事典 ドロイドの秘密情報』、『スパイダーマン ホームカミング』、『アベンジャーズ エイジ・オブ・ウルトロン』（いずれも共訳、講談社）などがある。

SPEAK UP! by Adora Svitak
Copyright ©2021 Text by Adora Svitak, Illustrations by Camila Pinheiro
Japanese translation published by arrangement with Quarto Publishing plc through The English
Agency(Japan) Ltd.
Translated by Risa Nagao
Published in Japan
by Disc Union Co., Ltd.

声をあげて、世界を変えよう！
よりよい未来のためのアンダー30の言葉

2021年10月1日　初版発行

著　　　　　アドーラ・スヴィタク
イラスト　　カミラ・ピンヘイロ

訳　　　　　長尾莉紗
デザイン　　三浦瞳
日本版制作　筒井奈々（DU BOOKS）

発行者　　　広畑雅彦
発行元　　　DU BOOKS
発売元　　　株式会社ディスクユニオン
　　　　　　東京都千代田区九段南 3-9-14
　　　　　　編集 tel 03-3511-9970／fax 03-3511-9938
　　　　　　営業 tel 03-3511-2722／fax 03-3511-9941
　　　　　　https://diskunion.net/dubooks/

印刷・製本　シナノ印刷

ISBN 978-4-86647-159-4
Printed in Japan
©2021 diskunion

本書の感想をメールにて
お聞かせください。
dubooks@diskunion.co.jp

DU BOOKS

二重に差別される女たち
ないことにされているブラック・ウーマンのフェミニズム

ミッキ・ケンダル 著　川村まゆみ 訳　治部れんげ 日本版解説

あなたの「フェミニズム」は差別的？
主流の白人フェミニストが提唱する「シスターフッド」に対して、BLM の時代、「ブラック・フェミニズム」からの切なる訴えとは──？　白人女性＝自分に置き換えると見えてくる、シスターフッドのあるべき姿。
NY タイムズ、「タイム」、ワシントンポスト、BBC など、世界中で大絶賛！

本体2800円＋税　四六　336ページ

キュロテ・ドゥ
世界を変えた15人のスゴい女たち

ペネロープ・バジュー 著　関澄かおる 訳

「あり得ない？　恥知らず？　男勝り？　いいえ、別に“普通だ”」
──はらだ有彩さん
2019 年アメリカで最も権威のある漫画賞・アイズナー賞を受賞した、フランス発ベストセラーコミックが再び！ “潜入取材の女王”と呼ばれた女性記者など、我が道を貫き、世界を変えてきた女性たちによる、熱き 15 の物語。

本体1800円＋税　A5　168ページ（オールカラー）

ボーイズ
男の子はなぜ「男らしく」育つのか

レイチェル・ギーザ 著　冨田直子 訳

女らしさがつくられたものなら、男らしさは生まれつき？
教育者や心理学者などの専門家、子どもを持つ親、そして男の子たち自身へのインタビューを含む広範なリサーチをもとに、マスキュリニティと男の子たちをとりまく問題を詳細に検討。ジャーナリスト且つ等身大の母親が、現代のリアルな「男の子」に切り込む、明晰で爽快なノンフィクション。

本体2800円＋税　四六　376ページ　好評6刷！

「姐御」の文化史
幕末から近代まで教科書が教えない女性史

伊藤春奈 著

「啖呵」を武器にホモソな社会と闘った姐御は、日本の伝統的なフェミニスト!?
日本のお家芸「異性装」、近松作品から続く「シスターフッド文化」など、時代劇（股旅モノ）、やくざ映画を史実とフェミニズム視点で読み解く。モデルとなった実在の姐御、姐御女優、女実業家たちの数奇な人生とは？
フィクションと史実をもとに、かっこいい姐御像を探る刺激的な1冊。

本体2200円＋税　四六　288ページ